Wolfgang Pichler

Der Stein der Weisen

D1729428

Wolfgang Pichler

Der Stein der Weisen

Harry Potter aus der Sicht der Analytischen Psychologie

Bibliografische Information der Deutschen Bibliothek
Die Deutsche Bibliothek verzeichnet diese Publikation in der Deutschen
Nationalbibliografie; detaillierte bibliografische Daten sind im Internet
über http://dnb.ddb.de abrufbar.

Lektorat: Robert Stähr
Umschlaggestaltung: JasminE
Satz: Ingemar Goldberger
Druck: edition pro mente

© 2006 edition pro mente, Linz
ISBN 3-901409-76-9

Inhaltsverzeichnis

Einleitung

Es ist doch recht seltsam: Je tiefer und genauer die Wissenschaft bei der Erforschung der Welt und des Menschen vordringt, von der Gentechnik bis zur Molekularbiologie, desto größer werden anscheinend die Sehnsucht und der Drang des Menschen nach dem Geheimnis, dem Numinosum. In unserer „ach so" aufgeklärten Zeit entsteht eine förmliche Renaissance der mythologischen und märchenhaften Bilderwelt.

War es noch vor zehn Jahren der Alienkult, der über die Bildschirme flimmerte, so ging der Trend der letzten Jahre immer mehr in Richtung Mythen und Märchen. Es gab unzählige Verfilmungen, von Merlin dem Zauberer, den Abenteuern des Odysseus, den Abenteuern des Herkules bis hin zu den Rennern der letzten Zeit, Herr der Ringe und Harry Potter.

Selbst der Erfinder von Pokemon, der seine Figuren aus seinen Träumen akquiriert hat, meinte einmal in einem Zeitungsinterview, er hätte es nie für möglich gehalten, dass man mit seinen eigenen Träumen so viel Geld verdienen könne.

Als ich schließlich vor kurzer Zeit in den Medien hörte, dass die Autorin der Harry Potter-Bücher, J.K. Rowling, mittlerweile reicher ist als die Queen, war ich doch einigermaßen verblüfft. Was steckt in diesen Büchern, dass die Menschen bereit sind, die Autorin in kurzer Zeit zur mehrfachen Milliardärin werden zu lassen? Dieses Phänomen erfüllte mich zusehends mit Neugierde. Als schließlich bei den Neuerscheinungen der Harry Potter-Bücher (die Menschen übernachteten sogar vor den Buchhandlungen, um ja so bald wie möglich die Neuerscheinung des nächsten Bandes zu bekommen) und bei der Premiere des Films „Harry Potter und der Stein der Weisen" eine förmliche Hysterie ausbrach, begann ich dieses Buch aus der Sicht der Tiefenpsychologie zu betrachten. Hierbei ergaben sich erstaunliche Parallelen zum Seelenleben vieler Menschen, die man im Praxisalltag des Psychotherapeuten, insbesondere in der tiefenpsychologischen Disziplin, immer wieder beobachten kann.

Das vorliegende Buch soll daher ein Versuch sein, diese Parallelen sichtbar zu machen, um so auch die Bedeutung, Wichtigkeit und Wirksamkeit des Numinosen und des Symbols im Sinne des Individuationsprozesses, also der Selbstwerdung, zu erhellen. Ganz nach dem Wort des Sokrates: „Werde, der du bist."
Der Mensch ist durch Aufklärung und einseitige Rationalisierung des Symbols und der inneren Bilder in großem Maß verlustig geworden. Er braucht jedoch, um seine psychische Ausgeglichenheit und Gesundheit zu erhalten bzw. wieder zu erlangen, unbedingt eine Beziehung zu den inneren Bildern und Symbolen und immer wieder auch eine Ausdrucksmöglichkeit für diese.
In den Büchern von J.K. Rowling sind eine Vielzahl dieser „Seelenbilder" zu finden. Ich meine daher, dass die Beschäftigung der Menschen mit den Büchern von Harry Potter als ein unbewusster Versuch gesehen werden kann, um mit dieser Symbol- und Bilderwelt wieder in Kontakt zu kommen.
Andererseits werden die Archetypen, die dem kollektiven Bewusstsein am meisten mangeln, im kollektiven Unbewussten belebt, da die Psyche, wie Jung meint, ein sich selbst regulierendes System ist.

Ich werde im Folgenden einzelne Kapitel aus der Geschichte „Harry Potter und der Stein der Weisen" herausgreifen, um sie dann aus dem Blickwinkel des menschlichen Seelenlebens zu beleuchten.
Vielleicht werden Sie im Laufe des Lesens so manchen Aspekt von Harry Potter und seinen Abenteuern in oder an sich entdecken?

1 Ein Junge überlebt

Die Geschichte beginnt mit der Schilderung der verschiedenen Personen einer Familie namens Dursley. Auffällig ist bei der Beschreibung von Mr. und Mrs. Dursley, dass diese sehr darauf bedacht sind, den äußeren Schein zu wahren. Alles, was nicht ihrer normierten Sichtweise entspricht, wird abgelehnt. Mr. Dursley verachtet Menschen, die sich anders kleiden als die Masse. Sein Motto lautet: „Bloß nicht auffallen." Nur das, was man auch sehen und anfassen kann, wird als real gesehen, alles andere wird als Unfug und Hirngespinst abgetan. Dabei haben die beiden jedoch ein Geheimnis, das niemand entdecken darf. Der Inhalt des Geheimnisses besteht darin, dass die Dursleys mit der Familie Potter verwandt sind.

Mrs. Dursley behauptet sogar, sie hätte gar keine Schwester, und gerät immer außer sich, wenn man ihre Schwester auch nur erwähnt. Außerdem seien die Potters so *„undursleyhaft"*, wie man es sich nur vorstellen kann, also völlig gegensätzlich zu den Dursleys. Das Kind der Potters, Harry, sollte keinesfalls mit ihrem Sohn Dudley in Berührung kommen. Mr. Dursley bemüht sich einige Zeit, die Zeichen, wie z.B. die Eulen, die lesende Katze oder die Gestalten in den wallenden Gewändern, zu übersehen, auch wenn er insgeheim schon ahnt, dass sich nun etwas anbahnt, was seinen eigenen Einstellungen sehr zuwiderläuft. Das kleine Baby Harry Potter, dessen Eltern von Voldemort, einem bösen Zauberer, ermordet wurden, wird vom Zauberer Albus Dumbledore und der Zauberin Mc Gonagall sowie dem Herrn der Schlösser, Hagrid, vor die Tür seiner einzigen Verwandten gelegt.

So weit die Zusammenfassung des ersten Kapitels.
Schauen wir uns nun die Figuren und die Szenerie dieses ersten
Kapitels einmal genauer an; was könnte es mit unserem eigenen
Leben zu tun haben?

1a   Die Persona

Beginnen wir mit Mr. und Mrs. Dursley:
Diese beiden werden als extrem normiert, angepasst und extravertiert beschrieben.
Nur das Äußere, der Schein zählt. Die Dursleys sind tunlichst darauf bedacht, zu verbergen, dass es bei ihnen ein Geheimnis gibt, nämlich das Verwandtschaftsverhältnis zu den Potters.
Man nennt diese Einstellung, diese Bewusstseinshaltung, in der Analytischen Psychologie eine „Identifikation mit der Persona". Nun stellt sich natürlich die Frage: Was ist denn die Persona?
Ich möchte an dieser Stelle aus dem Lexikon Jungscher Grundbegriffe (1) zitieren, um ein besseres Verständnis dieses Begriffes zu ermöglichen:

> Die Persona ist die bewusst dargestellte Wesensseite der eigenen Person. Sie wird auch die Seelenmaske (J. Jacobi) des Menschen genannt. Die Persona ist eine künstliche Persönlichkeit, die die Funktion einer Schutzmaske im Beziehungssystem zu den Mitmenschen hat.
> Zur Persona gehört das Erscheinungsbild, das jemand abgibt, und die Rolle, die die Gesellschaft von einem Amt oder einer Person erwartet. Auch bestimmte Titel, Verhaltensweisen und Rollenklischees gehören zur Persona, wie Frauen oder Männer, Arbeitnehmer oder der Chef sich zu geben haben.
> Die Persona ist notwendigerweise eine sinnvolle Anpassung des Individuums an die Gesellschaft und an die Realität.
> Ein besonderes Problem ist die Identifikation des Menschen mit seiner Persona.

Während einerseits die soziale Rolle oder ein bestimmter Status Anerkennung und Sicherheit geben können, kann andererseits das Persönliche und Menschliche hinter der Seelenmaske erstickt werden. Das innere Gegenstück zur Persona sind die Seele und die Seelenbilder von Animus und Anima.

Die Persona und die Seele stehen in einer polaren Wechselbeziehung, indem z. B. ein nach außen sich hart gebender Mann eine weiche und weibliche Seite haben kann und umgekehrt.

Auch hinter einer intellektuellen Haltung verbirgt sich oft Sentimentalität, und ein moralischer Charakter kann bösartige Seiten verbergen und kompensieren.

Viele Schwierigkeiten in den mitmenschlichen Beziehungen gehen auf ungelöste Spannungen zwischen der Persona und den unbewussten, verdrängten Seelenanteilen zurück.

Ergänzend dazu seien auch noch einige Zeilen von C.G. Jung angeführt, der die Problematik mit der Persona in seinen Schriften recht anschaulich beschreibt (2):

„Ein häufiger Fall ist die Identität mit der Persona, jenem Anpassungssystem oder jener Manier, in der wir mit der Welt verkehren. So hat fast jeder Beruf die für ihn charakteristische Persona. Diese Dinge lassen sich heutzutage leicht studieren, indem öffentliche Leute so häufig photographiert in der Presse erscheinen. Die Welt erzwingt ein gewisses Benehmen und die professionellen Leute strengen sich an, diesen Erwartungen zu entsprechen. Die Gefahr ist nur, dass man mit der Persona identisch wird, so etwa der Professor mit dem Lehrbuch, oder der Tenor mit seiner Stimme. Dann ist das Unglück geschehen. Man lebt dann nämlich nur noch in seiner eigenen Biographie. Das Gewand der Deianira ist ihm auf der Haut festgewachsen. Und es braucht schon den verzweifelten Entschluss des Herakles, sich dieses Nessusgewand vom Leibe zu reißen und in das verzehrende Feuer der Unsterblichkeitsflammen hinein zu steigen, um sich zu wandeln zu dem, was man eigentlich ist. Man könnte mit einer Übertreibung auch sagen, die Persona sei das, was einer eigentlich nicht ist, sondern was er und die anderen Leute meinen, dass er sei.

Die Dursleys sind in dieser „Persona-Identifikation" voll und ganz gefangen.

Mr. Dursley ist eben fast ausschließlich der Bohrmaschinenverkäufer.

Zu diesem Persönlichkeitsbild passt es eben gerade noch, einige Untergebene zur Schnecke zu machen und ein wenig den Familienpatriarchen hervor zu kehren.

Plötzlich auftauchende, andersartige Elemente und Personen, die nicht seinem einseitigen Persönlichkeitsideal entsprechen, wie z. B. Menschen in wallenden, färbigen Gewändern, lesende Katzen oder fliegende Eulen am helllichten Tag, werden, so gut es geht, verdrängt und ignoriert. Ich denke, jeder von uns kennt wohl die eine oder andere Person, sei es nun der eigene Chef, ein bekannter Priester oder Würdenträger, oder auch manchmal unser Partner, unsere Partnerin, ja auch uns selbst, wo eine Überidentifikation mit der Maske oder Rolle spürbar wird. Ein sehr eindrückliches Beispiel war für mich die Person des Saddam Hussein. Hussein, der, wie ich meine, völlig identifiziert war mit seiner Persona des Gewaltherrschers und Machtmenschen, verkündete vor dem Irakkrieg, dass er bis zu seinem letzten Blutstropfen kämpfen und stets eine geladene Pistole bei sich tragen werde, um sich bei drohender Gefangenschaft mit der letzten Patrone selbst das Leben zu nehmen. Die Realität sah jedoch, wie bei vielen Diktatoren, völlig anders aus. So wurde Hussein von den amerikanischen Soldaten aus seinem Versteck geholt. Obwohl er eine Pistole bei sich trug, feuerte er zur Verteidigung keinen einzigen Schuss ab, geschweige denn, dass er sich selbst richtete.

Es ist an diesen Beispielen recht gut ersichtlich: Wenn das Konstrukt der Persona zusammenbricht, bleibt sehr oft hinter dieser Maske oder Fassade nur ein „armes Häuflein Elend" über. Um das Personaphänomen zu beobachten, brauchen wir doch meist gar nicht so weit in die Ferne zu schweifen; es genügt, wie gesagt, schon oft, wenn wir uns selbst beobachten.

Wenn man zu sehr mit der Persona identifiziert ist, ist eben meist die Persönlichkeit, die dahinter steht, umso kärglicher ausgebildet, wie man bei den Dursleys ja anschaulich nachvollziehen kann. Ein dazu passendes Beispiel im ersten Kapitel ist ja bereits die Begegnung von Mister Dursley mit den Gestalten in den wallenden Gewändern. Diese Art und Weise der eigenwilligen, farbenfrohen Kleidung widerspricht gänzlich dem engen und normierten Selbstbild, das Mr. Dursley von sich hat. Es fällt jedoch auch ihm mit der Zeit immer schwerer, dieses Konstrukt der Persona aufrechtzuerhalten. Noch kehrt er den neu auftauchenden Eulen den Rücken zu. Diese Eulen können aus Sicht der Tiefenpsychologie als Symbole für auftauchende Impulse des ungelebten Lebens verstanden werden. Werden diese ignoriert bzw. bleiben unbeachtet, so werden sie mit der Zeit immer mehr und immer drängender, wie es ja auch mit den Eulen in unserer Geschichte einige Zeit später der Fall ist. Wenn wir diese fremdartigen Gestalten als ungelebte Anteile der Dursleys sehen, ist es auch nachvollziehbar, warum diese beim Auftreten dieser Gestalten derart Angst bekommen. Ich denke, es ist irgendwie vergleichbar mit Menschen, die in die „midlife crisis" kommen. Sehr oft melden sich nämlich in dieser Zeit Lebensimpulse aus dem Unbewussten, die zur Realisierung drängen und mit denen das herrschende Bewusstsein nur schwer umzugehen weiß.
Johann Wolfgang von Goethe beschreibt im ersten Teil von Goethes Faust (3) recht gut dieses Dilemma, in das auch sein Held Doktor Faust verstrickt ist.
So lässt Goethe Doktor Faust im Sinne der Personaproblematik sprechen:

Der Erdenkreis ist mir genug bekannt
nach drüben ist die Aussicht uns verrannt;
Thor! wer dorthin die Augen blinzelnd richtet
sich über Wolken seines Gleichen dichtet!
Er stehe fest und sehe hier sich um;
dem Tüchtigen ist diese Welt nicht stumm.

Was braucht er in die Ewigkeit zu schweifen!
Was er erkennt lässt sich ergreifen.
Er wandle so den Erdentag entlang;
wenn Geister spuken geh er seinen Gang;
Im Weiterschreiten find' er Qual und Glück,
er! unbefriedigt jeden Augenblick.

Doch auch Doktor Faust kommt bald an einen Punkt, wo diese bereits angeführten Lebensimpulse derartig drängend werden, dass Faust ruft:

Nun ist die Luft von solchem Spuk so voll
dass niemand weiß wie er ihn meiden soll.
Wenn auch ein Tag uns klar vernünftig lacht,
in Traumgespinst verwickelt uns die Nacht;
Wir kehren froh von junger Flur zurück,
ein Vogel krächzt! Was krächzt er? Missgeschick!

Von Aberglauben früh und spät umgarnt –
es eignet sich – es zeigt sich an, es warnt –
und so verschüchtert stehen wir allein;
die Pforte knarrt und niemand kommt herein.
Ist jemand hier?
Sorge: Die Frage fordert Ja!
Faust: Und du, wer bist denn du?
Sorge: Bin einmal da.
Faust: Entferne dich!
Sorge: Ich bin am rechten Ort.
    Würde mich kein Ohr vernehmen,
    müsst' es doch im Herzen dröhnen;
    in verwandelter Gestalt,
    üb' ich grimmige Gewalt.

Wie bereits angedeutet, verhält es sich bei Mrs. Dursley ähnlich. Diese behauptet ja, dass sie gar keine Schwester habe, und gerät immer wieder außer sich, wenn sie auch nur darauf angesprochen wird. Auch hier kann diese Schwester als Schattenaspekt, im Sinne der ungelebten und unbewussten Persönlichkeitsanteile von Mrs. Dursley, verstanden werden.

Es verhält sich ja auch in unserem Leben immer wieder so, dass das Ungelebte, Verdrängte und Schattenhafte auf andere projiziert wird, wo es dann umso heftiger bekämpft werden kann. Paul Watzlawick erzählt in seiner Geschichte „Der Hammer" recht gut dieses eben angeführte Phänomen (4):

Ein Mann wollte eines Tages ein Bild aufhängen. Als er jedoch nach einem Hammer suchte, merkte er, dass er in seiner Wohnung keinen hatte. Er dachte bei sich: „Ich werde eben zu meinem Nachbarn gehen und mir von ihm einen Hammer ausborgen." Als er sich anschickte, in die Wohnung des Nachbars zu gehen, kam ihm jedoch der Gedanke: „Was ist nun, wenn mir mein Nachbar keinen Hammer gibt? Da fällt mir ein, er hat mich überhaupt in letzter Zeit so seltsam angesehen. Gerade vorgestern hat er mich nicht einmal gegrüßt. Vielleicht macht er mir nicht einmal die Tür auf, wenn ich komme?" Dem Mann kommen mit der Zeit immer neue Verdächtigungen und Vorstellungen, seinen Nachbarn betreffend. Schlussendlich läuft er zur Wohnungstür des Nachbarn hinüber, läutet an und ruft, als sein Nachbar die Tür öffnet: „Behalten Sie sich doch Ihren verdammten Hammer!"

Ich habe diese Geschichte etwas zusammengefasst, aber ich denke, dass an Hand dieser Erzählung gut vorstellbar wird, was mit Projektion und Übertragung gemeint sein kann.

Was durch eine gelungene Persona-Arbeit gewonnen werden kann, beschreibt Khalil Gibran sehr schön (5):

Du fragst mich, wie ich zum Narren wurde?
Das geschah so:
Eines Tages, lange bevor all die Götter geboren waren,
erwachte ich aus einem tiefen Schlaf und gewahrte,
dass meine Masken gestohlen worden waren.
Die sieben Masken, welche ich in sieben Leben verfertigt
und getragen hatte.

Unmaskiert rannte ich durch die vollen Straßen und schrie:
„Diebe, Diebe, die verdammten Diebe!"
Männer und Frauen lachten. Einige liefen aus Angst
in ihre Häuser. Als ich zum Marktplatz kam,
rief ein Junge von einem Hausdach:
„Er ist ein Narr!"
Ich blickte empor, um ihn zu sehen:
Da küsste die Sonne erstmals mein bloßes Antlitz.
Zum ersten Mal küsste sie mein bloßes Antlitz,
und meine Seele entflammte in Liebe zu ihr,
und ich wünschte mir keine Masken mehr.
Wie in Trance rief ich:
„Segen, Segen über die Diebe, die meine Masken gestohlen!!"
So wurde ich zum Narren.
Und in meiner Narrheit fand ich Freiheit und Sicherheit:
Die Freiheit der Einsamkeit und Sicherheit vor dem Verstandenwerden.
Denn diejenigen, welche uns verstehen, versklaven etwas in uns.
Aber ich will nicht zu stolz sein auf meine Sicherheit.
Denn auch ein Dieb ist im Kerker sicher vor einem anderen Dieb.

Insbesondere im Märchen stehen der Königssohn oder die Prinzessin als Symbol für Erneuerung und für die neuen Entwicklungsmöglichkeiten der „alten" herrschenden Bewusstseinseinstellung. Auch ist anzumerken, dass die „alte" Bewusstseinseinstellung im Märchen oft durch einen älteren Prinzen oder eine ältere Prinzessin dargestellt wird, während das „Neue" oft durch den jüngsten Prinz, bzw. die jüngste Prinzessin, die nicht selten auch als dumm bezeichnet werden, verkörpert wird. Ähnlich verhält es sich auch in unserer Geschichte. Dudley Dursley kann demnach als „älterer Prinz" gesehen werden, der die Einstellungen seiner Eltern voll und ganz übernimmt und so keinerlei Entwicklungsimpulse erkennen lässt. Harry Potter wiederum kann aus der Sichtweise des Märchens als der „Jüngste", der „Dumme" gesehen werden. Man kann jedoch auch davon ausgehen, dass Harry Potter in gewisser Weise der „Schatten-Bruder" von Dudley ist. Auf die bereits des öfteren angesprochene Schattenthematik werde ich etwas später genauer eingehen.

Auch Mrs. Dursley ist, was ihre Persönlichkeit betrifft, nichts als Hausfrau und Mutter, mit einem langen Hals, um zu den Nachbarn hinüber zu spähen.

Nicht, dass ich damit meinen würde, Hausfrau und Mutter zu sein sei minderwertig, ganz im Gegenteil. Doch auch bei ihr ist, wie bei Mr. Dursley, kaum eine eigene Persönlichkeit hinter diesen „Ämtern" erkennbar.

Auch die Bibel hat bzgl. dieser Überidentifikation mit „Ämtern" einiges zu sagen:

So können wir bei Lk. 18,9-14 ein sehr gutes Beispiel dafür finden (6). Dort heißt es:

Einigen, die von ihrer eigenen Gerechtigkeit überzeugt waren und die anderen verachteten, erzählte Jesus dieses Beispiel: Zwei Männer gingen zum Tempel hinauf, um zu beten; der eine war ein Pharisäer, der andere ein Zöllner. Der Pharisäer stellte sich hin, und sprach leise dieses Gebet: Gott, ich danke dir, dass ich nicht so wie die anderen Menschen bin, die Räuber, Betrüger und Ehebrecher oder auch wie dieser Zöllner dort. Ich faste zweimal in der Woche und gebe dem Tempel den zehnten Teil meines Einkommens.

Der Zöllner aber blieb ganz hinten stehen und wagte nicht einmal seine Augen zum Himmel zu erheben, sondern schlug sich an die Brust und betete: Gott sei mir Sünder gnädig! Ich sage euch: Dieser kehrte als Gerechter nach Hause zurück, der andere nicht.

In dieser Bibelstelle wird die Persona-Thematik, so meine ich, recht klar ersichtlich: Der Pharisäer ist mit seiner Persona, dem Stand des Pharisäertums, voll und ganz identifiziert. Gesetze und Gebote werden auf Punkt und Beistrich befolgt, was sonst noch an Persönlichkeit hinter dieser „Gesetzesmaske" steht, wird völlig negiert bzw. bleibt unbewusst.

Passend dazu meinte Jung einmal sinngemäß: Für manchen ist ein Amt oder ein Titel etwas Verführerisches, weshalb so viele Menschen überhaupt nichts anderes sind als ihre, von der Gesellschaft ihnen zugebilligte Würde. Es wäre vergeblich, hinter dieser Schale eine Persönlichkeit zu suchen. Man fände hinter dieser Aufmachung bloß ein erbärmliches Menschlein. Darum ist die äußere Schale so verführerisch, weil sie eine billige Kompensation für persönliche Unzulänglichkeiten darstellt.

Anders als beim Pharisäer verhält es sich beim Zöllner. Im Gegensatz zum Pharisäer lässt sich beim Zöllner auch noch eine Ich-Persönlichkeit hinter der Persona des Zöllnerstandes erkennen. Dies ist wohl auch mit ein Grund, neben der Überheblichkeit des Pharisäers, warum der Zöllner bei Jesus viel besser wegkommt als der Pharisäer, der doch an sich gute Werke getan hätte.

Schließlich nimmt sich auch Michael Ende leicht ironisch des Persona-Problems in seinem Gedicht „Der Unsichtbare" (7) an:

Es war einmal ein Mann, der war
zu seinem Kummer unsichtbar,
doch war er so nicht immer.
Er war's geworden mit der Zeit,
doch nicht durch Zauber oder Eid,
die Sache stand viel schlimmer!

Vor vielen Jahren war er doch
verhältnismäßig sichtbar noch!
Wodurch sein Bild sich trübte,
das war, dass niemand auf der Welt
sich je zu ihm als Freund gesellt,
der ihn von Herzen liebte.
Doch der, den keiner gerne hat,
der geht vergessen durch die Stadt,
ein Niemand hier auf Erden!
Zuerst vergeht sein Name nur,
sodann verliert er die Kontur,
unsichtbar muss er werden.

So ging der Mann nun stets umher.
Die Leute wunderten sich sehr,
erschrocken oder heiter:
Zwar seinen Anzug sah man gut,
darüber schwebte meist ein Hut,
dazwischen war nichts weiter.

Da war's ihm eines Tags zu dumm,
er ging zu einem Künstler drum,
ließ eine Maske schnitzen:
„Sie soll, sprach er, falls es das gibt,
so schön sein, dass mich jeder liebt,
und muss vortrefflich sitzen."

Und als die Maske war gemacht,
trug sie der Mann bei Tag und Nacht,
viele Menschen er betörte.
Doch weil's nur um die Maske war,
blieb er in Wahrheit unsichtbar,
was niemand weiter störte.

Er blieb's, bis ihn der Tod entlarvt.
Ich aber will ganz unbedarft
die Kinderweisheit schreiben:
Sei dankbar jedem, der dich liebt,
sei selber wer, der Liebe gibt –
damit wir sichtbar bleiben!

1b Dumbledore und Mc Gonagall – Der Elternarchetyp lässt grüßen

Diese beiden magischen Figuren erscheinen in diesen ersten Szenen, um das Baby Harry den Pflegeeltern zu bringen. Sie wirken
wie ein Großelternpaar, und das sind sie psychologisch gesehen ja
auch, nämlich Erscheinungsbilder aus dem großen Bereich des Elternarchetypus. Gewisse Parallelen findet man diesbezüglich beim
Sakrament der Taufe: So werden im Englischen die Taufpaten „God-

father" und „Godmother" genannt, sowie im Schweizerischen „Götti" und „Gottl". Aber auch in unseren Breiten werden zum Beispiel die Taufpaten „Göd" oder „Godn" genannt, quasi Pendants der geistigen, göttlichen Eltern, worauf die Bibel ja auch hinweist, einer Elternschaft aus dem Geist und aus Gott heraus, wofür „Göd" und „Godn" Pate stehen (8):

Kaum war Jesus getauft, und aus dem Wasser gestiegen, da öffnete sich der Himmel und er sah den Geist Gottes wie eine Taube auf sich herabkommen. Und eine Stimme aus dem Himmel sprach: Das ist mein geliebter Sohn, an dem ich Gefallen gefunden habe. (Mth. 3, 16-17)

Noch deutlicher wird dies beschrieben im Gespräch von Jesus mit Nikodemus (9):

Jesus antwortete ihm: „Amen, Amen, ich sage Dir: Wenn jemand nicht von neuem geboren wird, kann er das Reich Gottes nicht sehen. Nikodemus entgegnete ihm: „Wie kann ein Mensch, der schon alt ist, geboren werden? Er kann doch nicht in den Schoß seiner Mutter zurückkehren und ein zweites Mal geboren werden?" Jesus antwortete ihm: „Amen, Amen, ich sage dir: Wenn jemand nicht aus Wasser und Geist geboren wird, kann er nicht in das Reich Gottes kommen." (Joh. 3, 3-7)

Ohne mich auf die religiöse Bedeutung dieser Worte einzulassen, (dazu ist diese Arbeit nicht konzipiert), führe ich diese Bibelstellen vor allem deshalb an, um die psychologische Wahrheit dieser Worte hervorzuheben.

Wenn diese Ablösung und Neuwerdung – diese „Zweitgeburt aus dem Geiste", wofür Harry Potter in unserer Geschichte ja in gewisser Weise steht – nicht stattfindet, so bleibt man im Alten, das die Dursleys ja recht anschaulich verkörpern, stecken. Ich möchte fast sagen, dass ein Teil des Lebens dazu da ist, um in der Welt Fuß zu fassen, und ein anderer Teil des Lebens dazu bestimmt ist, dem Leben Tiefe zu geben.

So hat es auch der germanische Gott Odin erkannt (10):

Mimir der Riese, der die Weisheitsquelle bewacht, verweigert Odin den Wunsch, von dieser Quelle zu trinken. Erst als er sich entschließt, das von Mimir dafür geforderte Opfer zu bringen, wird es ihm gestattet. Doch es ist ein teures Opfer:
Wissen auf einer tieferen Ebene, Wissen um Geheimnisse, Hintergründe, Abgründe, Entwicklungsgegebenheiten, Erkenntnisse, lässt sich nur erwerben, wenn dafür auf der äußeren Ebene Opfer erbracht werden – das Auge. Wenn Odin auf einen Teil des äußeren Sehens verzichtet, kann er zum Seher und Propheten werden. Odin gab sein Auge, weil er wusste, was er dafür erwerben konnte. Jetzt hatte er den Zugang zu einer Dimension, die der äußeren, materiellen Wahrnehmung verschlossen ist.

Diese Geburt aus dem Geiste ist, wie Jesus es nennt, immer verbunden mit einem „Anschluss" an die Transzendenz. Der Weg der Transzendenz führt durch die Tiefen des unbewussten Lebens, wie es Harry Potter auch vorführt, bis hin zur Annäherung und Berührung mit dem Göttlichen oder auch Kosmischen. Denn der Stein der Weisen ist letzten Endes ja ein Symbol für das Selbst, einen Begriff, auf den ich später noch genauer eingehen werde.

Auch wenn der Begriff des Archetypus mittlerweile im allgemeinen Sprachgebrauch immer mehr verwendet wird, möchte ich doch, um Missverständnissen und Verständnisschwierigkeiten vorzubeugen, auch hier eine korrekte Begriffsdefinition anführen (11):

Archetypen sind Grundmuster und Grundstrukturen der Seele. Es ist jedoch wichtig, zwischen dem unanschaulichen Archetypus an sich und dem archetypischen Bild zu unterscheiden. Ersterer ist eine der menschlichen Psyche innewohnende Struktur, letzteres kommt in verschiedenen archetypischen Erscheinungsbildern (wie z.B. Vater-, Mutter-, Kind-Archetyp, Gottesbilder, Animus und Anima, etc.) zum Ausdruck.
Die Archetypen sind unanschauliche und unsichtbare Wirkfaktoren im Unbewussten des Menschen. Sie bilden die Strukturdominanten der Psyche, indem sie das seelische Erleben ordnen und die Bilder

und Motive im Unbewussten nach bestimmten Grundmustern anordnen. Besonders zu beachten ist, dass es sich bei den Archetypen nicht um vererbte Vorstellungen, vererbte Bilder und Symbole handelt, sondern um Möglichkeiten zu deren Erscheinung und Gestaltwerdung. Die Archetypen sind Bereitschaftssysteme, die das seelische Erleben anordnen und bewirken und die Erscheinungsbilder strukturieren.

Dumbledore steht unter anderem als Bild für den Vaterarchetypus. Der Vaterarchetypus kann neben dem Mutterarchetypus als eine grundlegende Differenzierung des Elternarchetypus verstanden werden. Die aufgespaltene Ganzheit des Elternarchetypus führt zu einer Mehrdeutigkeit des Vaterarchetypus. So können z.B. Konstruktivität und Destruktivität oder das Befruchtende wie das Zerstörerische nebeneinander bestehen.

Archetypische Bilder und Symbole für den Vaterarchetypus sind u. a. die Sonne, der Blitz, der Wind, der Phallus und die Waffen. In den Mythen und Märchen erscheint er oft als Magier oder als weiser alter Mann. Überall dort, wo Menschen von einer „Be-Geisterung" ergriffen werden oder eine geistig emotionale Dynamik spüren, sind sie im Wirkungsfeld dieses Archetypus.

Im diesem Sinne kann auch das Auftreten oder Erscheinen von Albus Dumbledore in unserer Geschichte verstanden werden. Er ist sozusagen der Kreator, der den Helden Harry Potter bringt oder einsetzt. Aus der Sicht des Individuationsprozesses kann dies so verstanden werden, dass die herrschende Bewusstseinseinstellung, die die Dursleys verkörpern oder darstellen, sich „überlebt" hat und das Erscheinen von Harry Potter als Impuls der Erneuerung im Sinne der „Ganzwerdung" verstanden werden kann. Dieses Motiv findet man sehr oft im Märchen, wo der König, als Symbol für die herrschende Bewusstseinseinstellung, schwach und krank wird und der Königssohn oder Prinz sich aufmacht, um das Wasser des Lebens zu suchen, um Heilung, Gesundung und Erneuerung zu erlangen.

Der Grund, warum ich Mythen und Märchen immer wieder anführe, ist, dass in diesen Bildern und Geschichten die Seele sich darstellt und die Archetypen sich in ihrem natürlichen Zusammenspiel offenbaren.

Dieses Suchen ist jedoch immer von Mühsal, Widrigkeiten und Widerständen begleitet, was uns in der Geschichte von Harry Potter und dem Stein der Weisen ja recht gut vor Augen geführt wird.
Und wie in vielen Märchen, wo sich mehrere Brüder, als Bilder von verschiedenen Haltungen, auf die Suche begeben und meist der Jüngste, der oft der Natur noch am nächsten ist, das Gesuchte oder Nötige findet, gibt es auch in unserer Geschichte eine Art Brüderpaar, nämlich Dudley und Harry.
Wie im Märchen Iwan, der Bauernsohn und der Tschudojudo (12) ist Dudley einer, der seinen „Bruder" Harry geringschätzt, obwohl es Harry ist, der letzten Endes den Kampf mit dem Dunklen, also mit Voldemort, seiner Verkörperung, gewinnt.
So wie Iwans Brüder im Märchen das Kommen und die Konfrontation mit dem Drachen verschlafen, so ist auch Dudley einer, der Voldemort gar nicht wahrnimmt.

Anhand eines Traumes einer Klientin aus meiner Praxis möchte ich demonstrieren, wie sich dieser Dumbledore oder vaterarchetypische Impuls auch in unserem Leben bemerkbar machen kann:

Es handelte sich dabei um eine Frau mittleren Alters, die an schweren Depressionen litt. Der zentrale Lebensinhalt der Frau, die zwar verheiratet, aber kinderlos war, bestand in der Aufopferung an ihrem Arbeitsplatz. Als sie diesen jedoch auf Grund widriger Umstände verlor, kam es alsbald zum Auftreten von Depressionen. Nach einem mehrwöchigen stationären Aufenthalt in einer psychiatrischen Klinik kam die Klientin zu mir in Therapie.
Bereits zu Beginn unserer Gespräche stellte sich das Leiden am sinnlosen Leben als ein wesentliches Problemfeld dar.

Schon in der dritten Stunde erzählte die Klientin folgenden Traum:

*Ich bin bei der früheren Zahnärztin von meinem Lebensgefährten. Die Zahnärztin ist nicht da, und ich koche in ihrer Küche. In dieser Küche war es sehr chaotisch. Ich habe irrsinnig viel gekocht und bin nicht recht fertig geworden. Es war sehr chaotisch und es hat sehr ausgeschaut. Die Küche war schon sehr abgenützt. Es waren sehr viele Leute da, obwohl von denen keiner mehr recht was essen wollte. Ich habe in mir immer wieder das Gefühl gespürt und irgendwie auch **eine männliche Stimme** in mir vernommen, **die mir sagte, dass ich eigentlich schon längst hier weg sollte.***

Ich möchte hier nicht alle Inhalte dieses Traumes besprechen, sondern die relevanten Anteile, im Sinne des Vaterarchetyp-Aspekts, hervorheben.

In gewisser Weise verhält es sich bei der Klientin wie bei den Dursleys.

Das jahrzehntelang immer gleich ablaufende Leben der Klientin wird plötzlich, insbesondere durch ihre Depression, förmlich über den Haufen geworfen.

Wie bei den Dursleys, als immer mehr sonderbare Gestalten auftauchen und sich zunehmend Verwirrung, Ratlosigkeit und Angst breit machen, verhält es sich auch bei der Klientin. Auch bei ihr herrschen Ratlosigkeit, Orientierungslosigkeit und auch Chaos, wie der Traum sagt. Das bisherige Leben kann so nicht mehr weiter geführt werden, „es trägt nicht mehr".

Der Traum der Klientin drückt es ja auch recht anschaulich aus: Diese aufopfernde, dienende Haltung der Klientin, die quasi ihr ganzes Lebenspotential in ihren Arbeitsplatz investiert hat, wird ihr mit dem Traumbild des „irrsinnig viel Kochens" recht eindrücklich vor Augen geführt.

Alles ist schon abgenützt, es will eigentlich keiner mehr etwas essen, doch das Traum-Ich der Klientin kocht weiter und weiter, ganz nach ihrem bisherigen Einstellungsmuster.

Das Kreator- bzw. das „Dumbledoreelement" zeigt sich im Traum der Klientin zwar nicht als Figur, wohl aber im Ausdruck der Stimme, die ihr zu verstehen gibt, dass es an der Zeit sei, diese Küche oder auch Einstellung und Haltung zu verlassen – zu verlassen, um ein Stück mehr an Eigenständigkeit und Autonomie zu gewinnen. Die Klientin ist also aufgefordert, diesen Heldenweg der Erneuerung zu gehen.

Den Heldenweg, den auch Harry zu beschreiten hat.

Wenden wir uns nun der Zauberin McGonagall zu:
Die Zauberin Mc Gonagall stellt als weiblicher Teil des Elternarchetypus die Große Mutter, also den Mutterarchetypus, dar. Auch hier möchte ich, um Missverständnisse zu vermeiden, eine klare Definition des Mutterarchetypus anführen:

„Unter dem Mutterarchetypus versteht man eine spezielle Ausprägung des Archetypus, im Hinblick auf die geschlechtsspezifischen Merkmale einer Mutter. Darüber hinaus ist dieser Archetypus der anordnende Faktor für die Erfahrungen des Mütterlichen in jedem Menschen.
Der Mutterarchetypus kann in seiner negativen Auswirkung als eine enge, festhaltende und entwicklungshemmende Kraft erfahren werden und positiv als eine, den Menschen innewohnende Kraftquelle, die das persönliche Wachstum, die Kreativität sowie die Selbstverwirklichung fördert. Jung fasst diese Gegensätze zusammen als „liebende und schreckliche Mutter". Erstere begegnet dem Menschen in der gebärenden und nährenden Mutter, in ihrer Güte und Weisheit. Den negativen Mutterarchetypus sieht Jung in allem Angsterregenden, Festhaltenden und Todbewirkenden." (13)

Jung schreibt einmal:

Die Eigenschaften des Mutterarchetypus sind das Mütterliche und die magische Autorität des Weiblichen schlechthin; die Weisheit und die geistige Höhe jenseits des Verstandes, das Gütige, Hegende, Tragende, Wachstums-, Fruchtbarkeits- und Nahrungsspendende; die Stätte der magischen Verwandlung, der Wiedergeburt; der hilfreiche Instinkt oder Impuls; das Geheime, Verborgene, das Finstere, der Abgrund, die Totenwelt, das Verschlingende, Verführende und Vergiftende, das Angsterregende und das Unentrinnbare. Die uns am nächsten liegende historische Parallele ist wohl Maria, die in der mittelalterlichen Allegorik zugleich auch das Kreuz Christi ist. (14)

Nun erscheint die Zauberin mit McGonagall ja auch recht passend zu Beginn der Geschichte in Form einer Katze. Die Katze wird in der Mythologie immer wieder mit dem Mütterlichen in Verbindung gebracht. So symbolisierte für die alten Ägypter eine Katzenmumie, wie die unten Abgebildete, den dauernden Schutz und die beständige Gunst der Muttergöttin Isis und der Mondgöttin Bastet, die selbst katzenköpfig war. (15)

In der germanischen Mythologie galt die Katze als Attribut der Muttergöttin Freya, deren Wagen von Katzen gezogen wurde. Auch der römischen Mondgöttin Diana ist die Katze zugeordnet. Die Göttin der Freiheit hat eine Katze zu ihren Füßen. Andererseits galt die Katze in alchemistischen Vorstellungen als eine Vertraute und eine Erscheinungsform von Hexen. Die schwarze Katze, als Vertraute von Hexen, bedeutet Böses und Unglück.

Sehr oft erscheinen in unserer Geschichte das Mütterliche, sowie das Weibliche schlechthin, recht „kopflastig" und spröde. Ich vermute in diesem Zusammenhang, dass dies doch stark mit der Autorin zusammenhängt, bzw. mit ihrem eigenen, inneren Mutterbild. Rowling, die kaum Interviews gibt und sich bezüglich der Entstehung ihrer Bücher sehr bedeckt hält, verfasst ihre Bücher, wie ich glaube, ähnlich wie die Alchemisten ihre alchemistischen Traktate. Die Alchemisten projizierten ihre eigenen seelischen Inhalte in chemische Abläufe, die sie in der Retorte beobachteten, hinein.

Ich denke, ebenso verhält es sich wohl bei Mrs. Rowling, die ihre Seelenbilder in ihre Geschichten verpackt hat. Da diese Seelenbilder, wie sie Mrs. Rowling beschreibt, nun auch kollektiver Natur sind, ist es ja auch nicht verwunderlich, dass sie uns berühren und faszinieren.

1c   Hagrid – der Herr der Schlösser

Er bringt Harry aus einer fernen Welt zu seinen Zieheltern und wird auch später ein wichtiger Wegweiser für Harry.
Hagrid stellt in gewisser Weise den Seelenführer, den Psychopompos, dar. In der griechischen Mythologie ist dieser Seelenführer der Gott Hermes, der Götterbote, bzw. sein römisches Pendant Mercurius.

Eine der Listen des Hermes war es, dass er den hundertäugigen Argus mit seinem Flötenspiel einschläferte, um die in eine Kuh verwandelte schöne Io für Zeus zurückzugewinnen.
Peter Paul Rubens (1577-1640) (10a)

Dieser Gott hatte die Aufgabe, die Botschaften der Götter den Menschen zu überbringen. Außerdem war er auch der Gott der Kaufleute und Diebe und geleitete die Toten in den Hades – in die Unterwelt. In einer späteren Szene stellt sich auch heraus, dass der Herr der Schlösser einen dreiköpfigen Hund besitzt, quasi eine Anspielung auf Zerberus, den Höllenhund, der den Eingang des Hades bewacht. Aber dazu später.

Dieser Archetypus des Seelenführers, ich nenne ihn Mercurius, kommt in den verschiedensten Gestalten auch in Märchen, in der

Alchemie, aber auch in den Träumen der Menschen immer wieder zum Vorschein.

So erscheint Mercurius im Märchen „Der Geist in der Flasche" dem Sohn des armen Holzfällers in Form eines Flaschengeistes. Nachdem ihn der Jüngling herausgelassen hat, will Mercurius den Jüngling töten. Dieser jedoch überlistet den Geist und macht ihn sich so dienstbar und gelangt zu großem Ansehen und Reichtum.

Nun, auch in unserer Geschichte ist es Mercurius, oder besser gesagt, Hagrid, der Harry zur Zwergenbank Gringotts bringt. Natürlich hat er auch, als Herr der Schlösser, den passenden Schlüssel für die beiden Schließfächer. Hagrid weiß vom Kapital, das für, oder sagen wir besser: In Harry angelegt ist.

Man hat bei Hagrid auch den Eindruck, dass er immer mehr weiß, als er sagt. Auch schelmische Züge sind bei ihm immer wieder zu bemerken. Wie gesagt, auch im Märchen sind gewisse Parallelen zum Abenteuer von Harry Potter unverkennbar. Schließlich sind auch viele alte Märchen nichts anderes als Abbildungen von seelischen Prozessen, was durch große Psychologen wie C.G. Jung und Bruno Bettelheim, um nur diese beiden zu nennen, hinreichend erklärt und bewiesen wurde.

In einem Traum einer fünfundvierzigjährigen Frau erscheint Mercurius als eine Art Wegweiser.

Der Traum lautet:

Ich sehe mich wie in einem Spiegel, mit unglaublich weichen, zerbrechlichen und feinen Gesichtszügen. **Ein fremder Mann tritt hinzu und sagt: „Auf dieses Gesicht habe ich ein Leben lang gewartet."**

Zur Erläuterung des Traumes sei erwähnt, dass diese Frau sehr kontrolliert erscheint und der Seelenführer in diesem Traum auf die Wichtigkeit der Eigenschaften, die im „Traumgesicht" der Frau spürbar und sichtbar werden, hinweist, als eine Art Wegweiser im Bewusstwerdungsprozess.

Sie sehen also, der Archetypus des Seelenführers ist keineswegs ein antiquiertes Relikt aus längst vergangenen Tagen, sondern auch heute noch genauso aktuell wie zu Zeiten der Griechen und Römer. Nachdem uns Hagrid in unserer Geschichte immer wieder begegnet, kommen wir später wieder auf ihn zu sprechen.

Wenden wir uns nun dem Protagonisten unserer Geschichte zu:

1d   Harry Potter – Ein Held geht seinen Weg

Unser Held Harry schickt sich also an, den Heldenweg zu beschreiten, auch wenn ihm dies zu Beginn gar nicht wirklich bewusst ist. Um diesen „Heldenmythos" und was er auch für unser eigenes Leben bedeuten kann, besser verstehen zu können, wollen wir einmal schauen, was in ihm steckt:

Der Mythos des Heldenweges, der von unzähligen Figuren dargestellt wurde, hat in der Regel zentrale Inhalte, wie eben auch in unserer Geschichte.

Heribert Fischedick fasst diese in seinem Buch „Der Weg des Helden" (16) recht gut zusammen. Er schreibt:

> In den alten griechischen oder auch römischen Sagen des klassischen Altertums kann man den Verlauf dieser Heldenmythen gut beobachten. Auch dort erfolgt oft die Geburt in großer Armseligkeit und meist unter wunderlichen Umständen. Sein Überleben ist von Anfang an durch böse Mächte gefährdet, da er oft sehr früh seine Eltern verliert. In der Regel ist ein Elternteil irdischer Natur und ein Elternteil göttlich-geistiger Natur. Für unsere Geschichte würde dies bedeuten, dass die Dursleys für Harry die irdischen Eltern darstellen, während die Potters seine geistigen Eltern repräsentieren. Es sind bereits früh die Zeichen seiner besonderen Begabung erkennbar ... Wie Harry Potter erleben diese alten Helden ihre Berufung und müssen aufbrechen. Oftmals werden sie durch übernatürliche Figuren und Gestalten geschützt und begleitet, die sie auch für den bevorstehenden Kampf ausrüsten.

Oft gelangt der Held zu einem Torhüter, der am Eingang einer Zone besonderer magischer Kräfte wacht. Im siegreichen Kampf gegen die Mächte des Bösen gelingt es ihm schließlich, diesen eine wertvolle Erkenntnis oder ein wichtiges Heilmittel abzugewinnen.

Um den Heldenmythos richtig zu verstehen, müssen wir uns von den klassischen Heldenklischees verabschieden. Von Old Shatterhand zu Superman und den anderen Rächern verkörpern diese „Helden" den Wunsch, großartig, mächtig und unverletzlich zu sein. Die Wurzel eines jeden Heldenweges ist eine mehr oder weniger ausgeprägte Störung im Selbstwert. Es ist jedoch wichtig zu betonen, dass der eben beschriebene „klassische Held", wie z.B. Superman, diese Störung im Selbstwert durch Grandiosität kompensiert, während der „wahre Held" Gehorsam lernt und versucht, sich zu entwickeln.

Verliebt betrachtet Narziss sein Spiegelbild:
Gemälde von Franz von Stuck (1863-1928) (17)

Will man etwas vom Mythos begreifen, so muss man sich auf etwas ganz Anderes einstellen als das, woran man sich gewöhnt hat. Die Lebensbilder der mythologischen Helden zeigen, dass sie Kräften und Ereignissen ausgesetzt werden, die der durchschnittliche Bürger niemals durchleben möchte. Was ihr Leben kennzeichnet, ist nicht das aufgeblasene, grandiose Selbstgefühl und die unzerstörbare, bürgerliche Allmacht der Helden, sondern – wie oben erwähnt – der Gehorsam. Er erweist sich im Befolgen der Berufung und im Hören auf die Hinweise und Lehren, sowie in der Offenheit für die anstehenden Aufgaben. Der Mythos des Heldenweges deutet den Sinn des menschlichen Lebens als ein lebenslanges Lernen, Wachsen und Reifen.

Sein Leben aus dem Blickwinkel des Heldenmythos zu begreifen, heißt darum, sich in jeder Phase und in jedem Ereignis des Lebens zu fragen:

„Was will es mich lehren, was soll und was kann ich daraus entwickeln?"

Nun, es könnte einem der Atem stocken, wenn man der ungeheuren Chance, aber auch der erheblichen Zumutung nachspürt, die in dieser Fragestellung enthalten ist. Denn sie lädt ein, in die Auseinandersetzung mit jeder Station und mit jedem Ereignis des Lebens zu treten und durch diesen Kampf etwas zu gewinnen. Eine Erfahrung, einen Zuwachs an Reife und Erkenntnis, ein Mehr an Identität und Beziehungsfähigkeit.

Aber sie verlangt auch die Bejahung der auf einen zukommenden Ereignisse und das Ja zu den Mühen des Weges und der Auseinandersetzung – eben das Ja zur Berufung und zum Aufbruch.

Der Mythos vom Heldenweg beschreibt also unsere Ich-Werdung, die er als Weg, als Prozess (das lateinische Wort Procedere heißt „voranschreiten") andeutet. Der Weg des Helden im Mythos mit seinen Aufgaben und Abenteuern ist ein Leitfaden für den eigenen Weg, auf dem wir demnach nicht alleine sind. In einer mythologischen Gestalt können wir vielmehr etwas von dem verkörpert sehen, was in jedem Menschen vorhanden ist und zum Menschsein schlechthin gehört.

Der Heldenmythos, der äußere wie innere Entwicklungen umfasst, wird zum Inbegriff des Lebens überhaupt, dem ein ganz tiefer Impuls und eine ganz natürliche Bereitschaft zu eigen ist, sich zu entwickeln.

Das Bedürfnis zur Reise ist dem Menschen eingeboren. Wenn wir nichts riskieren und vorgeschriebene soziale Rollen spielen, statt unsere Reise in Angriff zu nehmen, fühlen wir uns erstarrt, entfremdet und innerlich leer.

Es verhält sich dann wie mit der depressiven Frau, die ich bereits erwähnt habe, die durch ihre einseitige Bewusstseinshaltung in einen Stillstand geraten ist und durch den Traum den Impuls erfährt, endlich aufzubrechen. Oder, wie es in ihrem Traum heißt, „von dieser abgenützten Küche wegzugehen".

2   Ein Fenster verschwindet

Das zweite Kapitel beginnt mit einer Beschreibung des Wohnzimmers der Dursleys.

Es wird beschrieben, dass es in diesem Zimmer noch fast genauso aussieht wie in jener Nacht, als Mr. Dursley im Fernsehen den unheilvollen Bericht über die Eulen gesehen hatte – nur dass nun zahlreiche Fotos von Dudley Dursley zu sehen sind.

Weiters heißt es, dass nichts in dem Zimmer erahnen lässt, dass in diesem Haus auch noch ein anderer Junge lebt. Harry wohnt in einem Schrank unter der Treppe, in dem es von Spinnen nur so wimmelt.

Harry Potter erinnert sich, nachdem er von seiner Tante aufgeweckt wurde, an einen Traum von einem fliegenden Motorrad, wo er das merkwürdige Gefühl hat, den Traum schon einmal geträumt zu haben.

Das Einzige, was Harry an seinem Aussehen mag, ist eine sehr feine Narbe auf seiner Stirn, die an einen Blitz erinnert. Als er einmal seine Tante Petunia fragt, woher er diese Narbe habe, sagt diese: „Durch den Autounfall, bei dem deine Eltern starben. Und jetzt hör' auf zu fragen!"

‚Hör auf zu fragen' – das ist die erste Regel, wenn man bei den Dursleys ein ruhiges Leben fristen will.

Die Dursleys sprechen oft über Harry, als ob er gar nicht da wäre, oder vielmehr, als ob er etwas ganz Widerwärtiges wäre, das sie nicht verstehen können. Es geschehen oft merkwürdige Dinge um Harry herum, wie z.B., dass nach einem Friseurbesuch die Haare von Harry in einer Nacht wieder auf die ursprüngliche Länge nachwachsen.

Mr. Dursley bekommt einen Wutanfall, als Harry von seinem Traum mit dem fliegenden Motorrad erzählt. Wenn es etwas gibt, was die Dursleys noch mehr hassen als seine Fragen, dann sind es seine Geschichten über Dinge, die sich nicht so verhalten, wie sie wollen. Egal, ob es nun in einem Traum oder in einem Comic passiert, sie glauben offenbar, es könnten gefährliche Gedanken kommen.

Bei einem Zoobesuch unterhält sich Harry mit einer Schlange, die ihm auch antwortet. Harry lässt, ohne dass es ihm bewusst ist, die Scheibe vor der Schlange verschwinden, woraufhin Mr. Dursley den nächsten Wutanfall bekommt.

Abschließend wird im zweiten Kapitel noch berichtet, dass Harry des öfteren Unbekannte auf der Straße sieht, wie z.B. Leute mit violettem Zylinder oder eine ganz in grün gekleidete Frau. Das Seltsamste an all diesen Leuten war, dass sie zu verschwinden schienen, wenn Harry versuchte, sie genauer anzusehen.

2a Der Kindarchetyp

Bei den Dursleys hat sich, so macht es den Eindruck, seit der Ankunft von Harry kaum etwas verändert. Bis auf die Fotos, die von Dudley sind, scheint alles noch so zu sein wie vor zehn Jahren. Diese unheilvollen Berichte über die Eulen, die am Tag flogen, scheinen auf den ersten Blick also völlig wirkungslos geblieben zu sein. Harry Potter, den diese seltsamen Phänomene eigentlich ankündigten, ist auf den ersten Blick in diesem Kapitel gar nicht wahrnehmbar. Ja, es heißt sogar wörtlich, „dass nichts in dem Zimmer erahnen ließ, dass in diesem Haus noch ein anderer Junge lebte". Nun könnte man von dieser kurzen Schilderung den Eindruck haben, dies sei eine mehr oder weniger belanglose Einführung in dieses Kapitel.

Wenn wir uns jedoch nun diese Schilderungen aus der Sichtweise des Symbols, insbesondere was die eigene Persönlichkeit betreffen könnte, anschauen, sieht die Sache schon etwas anders aus. Wenn man bedenkt, dass das Haus oder die Wohnung in gewisser Weise als Symbol für die eigene Persönlichkeit gesehen werden können, so könnte man dies so interpretieren, dass bei der Persönlichkeitsentwicklung der Dursleys im wahrsten Sinne des Wortes alles beim Alten geblieben ist. Einzig die Bilder von Dudley haben sich mit den Jahren verändert, wobei er letzten Endes nur die Fortführung des althergebrachten, überholten Bewusstseinsprinzips verkörpert. Wie bereits im ersten Kapitel versuchen die Dursleys weiterhin alles zu verheimlichen, was mit den Potters zu tun haben könnte. Ich habe bereits im ersten Kapitel ausführlich darauf hingewiesen, dass Harry Potter als quasi Erneuerungsimpuls, ja als Archetypus des göttlichen Kindes gesehen werden kann. Was ist damit gemeint? Helmut Hark schreibt dazu in seinem Buch (1):

Der Kindarchetypus ist ein Symbol und personifiziert in den Märchen, Mythen und Träumen ein neues Lebensgefühl und die beginnende Lebenserneuerung. Das Kindmotiv zeigt künftige innere, psychische Entwicklungsmöglichkeiten in den Träumen an. Insbesondere in der zweiten Lebenshälfte wird der Kind-Archetypus in vielen Menschen lebendig und bewirkt eine grundlegende Wandlung der Persönlichkeit. Es sind besondere schöpferische Augenblicke, wenn das Urbild des Kindes mit starker psychodynamischer Energie in das Bewusstsein dringt. Die folgenden Aspekte des Kind-Archetypus zeigen an, dass dieses Urbild in der Psyche nicht mit den konkreten Erfahrungen mit Kindern in eins zu setzen ist oder aus der äußeren Realität abgeleitet werden kann. Viele Mythen und Märchen wissen von einem göttlichen Kind oder von einem Heldenkind zu erzählen, das auf besondere Weise zur Welt kommt und alsbald Bedrohungen und Gefahren ausgesetzt ist. Es verfügt jedoch über besondere Fähigkeiten und Gaben, die das menschliche Maß übersteigen. Einerseits ist es unansehnlich und eben nur ein Kind, und andererseits ist es göttlich und erweist sich als Erlöser für viele oder als besonderer Held. Es lebt und verwirklicht jenes ganzheitliche Leben, das jedem Menschen als Drang zur Selbstverwirklichung innewohnt. Nach Jung personifiziert es eine Lebenswirklichkeit jenseits des beschränkten Bewusstseinsfeldes und weist Wege und Möglichkeiten zur Ganzwerdung. Im Christentum symbolisiert das göttliche Kind die Erlösung und eröffnet den Zugang zum Reich Gottes. Das Kind ist demnach ein Symbol, das Gegensätzliches in sich vereint und versöhnt. Im analytischen Sinne ist das Kind auch ein Symbol des Selbst und wird damit zu dem entscheidenden Wirkfaktor bei der Selbstverwirklichung des Menschen.

Oder wie es C. G. Jung in seinen Schriften ausdrückt (2):

Das „Kind" tritt als eine Geburt des Unbewussten aus dessen Schoß hervor, gezeugt aus der Grundlage menschlicher Natur, oder besser auch der lebenden Natur überhaupt. Es personifiziert Lebensmächte jenseits des beschränkten Bewusstseinsumfanges, Wege und Möglichkeiten, von denen das Bewusstsein in seiner Einseitigkeit nichts weiß, und eine Ganzheit, welche die Tiefen der Natur einschließt. Es stellt den stärksten und unvermeidlichen Drang des Wesens da, nämlich den, sich selber zu verwirklichen. Es ist ein mit allen natürlichen Instinktkräften ausgerüstetes nicht Anderskönnen, während das Bewusstsein sich stets in einem vermeintlichen Anderskönnen verfängt. Der Drang und Zwang zur Selbstverwirklichung ist Naturgesetzlichkeit und daher von unüberwindlicher Kraft, auch wenn der Beginn ihrer Wirkung zunächst unansehnlich und unwahrscheinlich ist.

Harry Potter lebt im wahrsten Sinne des Wortes in einem Schrank unter der Treppe. Harry Potter ist den Dursleys nicht einmal einen eigenen Raum wert.
Wie eben bei den Ausführungen über das göttliche Kind beschrieben, verhält es sich auch in unserer Geschichte:

Harry wird als ein recht kleiner, dürrer Junge mit schmalem Gesicht, struppigem Haar und knubbeligen Knien beschrieben. Er trägt eine Brille, die von Klebeband zusammengehalten wird. Lässt man diese Beschreibung auf sich wirken, so wird einem doch das Gefühl von Armseligkeit vermittelt. Harry ist so gänzlich anders als seine Stieffamilie. Diese Andersartigkeit wird von den Dursleys ja auch heftig bekämpft. Aus der Sicht der Persönlichkeitsebene kann das Auftauchen von Harry Potter auch als Versuch verstanden werden, die einseitige Bewusstseinshaltung zu kompensieren.

Dass das Bild des Kindmotives nicht nur in Märchen und Mythen erscheint und seine Wirkkraft auch heute noch nicht verloren hat, kann ich als Therapeut in meinem Praxisalltag immer wieder erleben.

So erzählte mir eine Klientin folgenden Traum:

Ich sehe ein Kind im Wasser treiben und weiß sogleich, dass ich dieses Kind an das Ufer bringen soll.

Man wird hier, so denke ich, unweigerlich an die Legende des Christopherus erinnert. In dieser Legende hört der riesenhafte Christopherus die Stimme eines Kindes am Ufer. Dieses Kind bittet ihn, es über den Fluss zu tragen. Obwohl er ein unglaublich kräftiger Mann ist, wird das Kind auf seiner Schulter in der Mitte des Flusses immer schwerer, so dass er zu versinken droht. Mit Mühe und Not erreicht er das andere Ufer, wo sich herausstellt, dass er das Gotteskind selbst getragen hat.

Auch die Klientin erlebt im Rahmen ihres therapeutischen Prozesses das Tragen und Bergen dieses inneren Kindes immer wieder als beschwerlich und mühevoll.

Die Klientin, die nach außen hin sehr robust und widerstandsfähig wirkte, tat sich im Umgang mit dem eigenen inneren „Weichen" und „Kindlichen" sehr schwer, nicht zuletzt deshalb, weil es ihr bisheriges Persönlichkeitsbild doch in Frage stellte.

Es ging ihr in gewisser Weise wie den Dursleys, die mit Harry Potter, im Sinne einer Erscheinungsform des archetypischen Kindes, nur sehr schwer umzugehen wissen.

Doch wieder zurück zu unserer Geschichte:

In diesem Schrank, in dem Harry wohnt, so wird erzählt, wimmelt es nur so von Spinnen.

Wenn man dieses Bild auf sich wirken lässt, läuft es einem förmlich kalt über den Rücken. Diese Spinnen scheinen jedoch noch eine tiefere Bedeutung zu haben. So hat Harry mit seinen Freunden im Buch „Harry Potter und die Kammer des Schreckens" eine lebensgefährliche Auseinandersetzung mit Spinnen in einer Spinnenhöhle.

In der Mythologie wird die große Mutter als Weberin des Schicksals bisweilen auch als riesige Spinne dargestellt.

Wenn man dieses „Fressende" und „Aussaugende" des Spinnenmotivs mit dem Mütterlichen in Beziehung setzt, so wird schon eher deutlich, was damit gemeint sein könnte.

Dieses Motiv des „Gefressenwerdens" wird in Bezug auf das Mütterliche recht gut im Märchen von Hänsel und Gretel dargestellt. Die böse Stiefmutter der beiden Kinder konstelliert ja eigentlich erst diese fressende und vernichtende Hexe, im Sinne des negativen Mutterarchetypus, den es zu bearbeiten gilt.

Wenn wir nun Harrys „Stiefmutter" Petunia Dursley mit ihrem langen Hals und ihrer dürren Gestalt betrachten, ist, so meine ich, dieses Spinnen-Hexenmotiv nicht von der Hand zu weisen. Auch im Verhalten Harry gegenüber ist der „vernichtende" und der negative Mutteraspekt, das „Hexenhafte" von Mrs. Dursley, nicht zu übersehen.

Die Auseinandersetzung mit den riesigen Spinnen in der Geschichte „Die Kammer der Schreckens" würde ich als einen Versuch interpretieren, die negative Mutterthematik zu bearbeiten.

Sehr bezeichnend ist das Motto „hör auf zu fragen" im Familienverband der Dursleys. Für sie muss alles so bleiben wie gewohnt. Die Dursleys hassen die Fragen und Geschichten von Harry, denn sie glauben – bezeichnenderweise –, es könnten gefährliche Gedanken kommen. So bekommt Mr. Dursley auch einen Wutanfall, als Harry einen Traum von einem fliegenden Motorrad erzählt. In einer streng rationalen Bewusstseinseinstellung werden eben Träume und Fantasien oft als fremd, störend und auch bedrohlich empfunden. Sie könnten ja schließlich das eigene Persönlichkeitsbild in Frage stellen.

2b Die Begegnung mit der Schlange

Wenn man die Szene, in der Harry der Schlange im Zoo begegnet, oberflächlich betrachtet, wird man wohl erst einmal belustigt sein über das Missgeschick, das Harrys ekelhaftem Stiefbruder passiert. Nach dem plötzlichen Verschwinden der Glasscheibe des Terrariums fällt er ins Wasser des Terrariumbeckens, wie dies im Film dargestellt wird.

Ich denke, die meisten von uns waren über diese Abreibung für Harrys Stiefbruder recht froh.

Nun möchte ich diese Begegnung mit der Schlange doch etwas genauer anschauen:

Harry ist bei dieser Begegnung zehn Jahre alt, also in etwa zu Beginn der Pubertät.

Die Pubertät ist ein Abschnitt, in dem der Mensch beginnt, sich von seiner Kindheit wie auch von seinen Eltern abzulösen. Er tritt den Weg an, ein Erwachsener zu werden. In den primitiven Stammeskulturen waren Initiationsriten üblich, um die Ablösung von den Eltern symbolisch zu vollziehen. In unserem Kulturkreis war die Firmung in etwa ein Äquivalent dieser Initiationsriten, doch leider hat durch die Rationalisierung unserer Gesellschaft auch dieses Symbol bzw. dieses Ritual weitgehend seine Wirkung verloren, zumindest was den Initiationscharakter betrifft.

Die Schlange ist, neben sehr vielen anderen Bedeutungen, ein Symbol für die Erneuerung. Als ein Tier, das periodisch seine Haut erneuert, ist sie ein Symbol für das Leben, die Erneuerung und die Auferstehung. So ist es im Grunde ja auch beim Menschen, wo sich im Laufe von sieben Jahren viele Zellen des Körpers erneuern. Doch gibt es natürlich auch dunkle und negative Aspekte im Symbol der Schlange:

Viele von uns werden beim Bild der Schlange sofort an die Geschichte mit Adam und Eva beim Baum der Erkenntnis erinnert. In dieser Geschichte erscheint eben der negative Aspekt, das Böse.

Die Schlange steht sowohl für Christus als Sinnbild der Weisheit und als ein am Baum des Lebens erhöhtes Opfer, als auch für den Teufel in seinem chtonischen Aspekt. Sie steht für die Mächte des Bösen, die der Mensch in sich überwinden muss. Wenn sie den Baum des Lebens umwindet, verkörpert sie Weisheit und ist wohltätig, während sie im Zusammenhang mit dem Baum der Erkenntnis zum Sinnbild Lucifers wird, arglistig und böswillig. In gewisser Weise kann also diese Begegnung mit der Schlange als eine erste, wenn auch noch unbewusste Auseinandersetzung mit dem Selbst gesehen werden. Was es mit dem Begriff des Selbst auf sich hat, werde ich später genauer darlegen.

Es ist für uns, die wir uns im Grunde immer die Klarheit und die Eindeutigkeit wünschen, sehr schwer, mit der Gegensätzlichkeit der Dinge und Erscheinungen umzugehen. Darum hat wahrscheinlich auch das Symbol des Yin und Yang in unserer Zeit so viel Aufmerksamkeit und Interesse erregt. In diesem Symbol wird eben die „Vereinigung der Gegensätze" dargestellt.

Auch in Harry Potters Geschichte ist es nicht anders: einerseits die Erneuerung, andererseits die tödliche Bedrohung im Zauberwald und gegen Ende der Geschichte.

Auch in Mozarts Zauberflöte gibt es eine ähnliche Situation: Dort wird der Held Tamino von einer Riesenschlange bedroht. Die Schlange ist auch ein Aspekt der großen Mutter. Diese wird in der Zauberflöte durch die Königin der Nacht verkörpert. Obwohl einerseits die Schlange, die zum Reich der Königin der Nacht gehört, den Held Tamino tödlich bedroht, sind es doch die drei Frauen, die Dienerinnen der Königin der Nacht, die den Held retten. So ist die Königin der Nacht eigentlich auch die Geberin der Zauberinstrumente, mit deren Hilfe die Geschichte ein gutes Ende findet.

Diese hier nur angedeutete Gegensatzproblematik hat seit jeher die Menschheit beschäftigt.

3   Briefe von niemandem

In diesem Kapitel bekommt Harry seinen ersten Brief, der jedoch von seinem Onkel abgefangen wird. Sowohl Mr. als auch Mrs. Dursley sind zutiefst erschrocken über den Inhalt des Briefes. Mister Dursley beschließt ihn zu ignorieren, er sagt wörtlich: „Wir tun so, als ob nichts wäre. Wenn sie keine Antwort bekommen … ja, das ist das Beste, wir tun gar nichts … als wir ihn aufnahmen, haben wir uns geschworen, diesen gefährlichen Unsinn auszumerzen."
Mister Dursley befiehlt Harry bald darauf, in Dudleys zweites Zimmer umzuziehen. Als weitere Briefe für Harry eintreffen, die Mr. Dursley wieder abfängt, nagelt Mister Dursley den Briefschlitz zu, in der Meinung, dass die Eulen, wenn sie die Briefe nicht zustellen können, wohl Ruhe geben.
Zu Mrs. Dursley meint Mister Dursley, da diese die Wirksamkeit seines Tuns bezweifelt: „Diese Leute haben eine ganz merkwürdige Art zu denken, sie sind nicht wie du und ich."
Als weitere Briefe durch die Spalten von Vorder- und Hintertür hereingeschoben werden, nagelt Mister Dursley beide Türen zu, so dass niemand mehr herein und hinaus gehen kann.
Er summt bei seiner Arbeit das Lied „Bi-Ba-Butzemann".
Nachdem alle bisherigen Zustellversuche von Briefen für Harry fehlgeschlagen sind, schießen an einem Sonntag zahllose Briefe durch den Kamin in das Wohnzimmer herein.
Daraufhin verlassen die Dursleys mit Harry fluchtartig das Haus. Mr. Dursley irrt mit seiner Familie im Auto einige Zeit umher, um ein Versteck zu finden. Doch auch während der Suche nach einem Versteck kommt es immer wieder zu Versuchen, Harry Briefe zuzustellen. Eine gewisse Zeit später kauft Mr. Dursley auch noch ein Gewehr. Schließlich rudert die Familie Dursley mit Harry aufs Meer hinaus, wo auf einem Felsen eine Hütte steht. Um Mitternacht, als Harry seinen zwölften Geburtstag begeht, klopft es an der Tür.

3a Die Eulen kommen

Diese trostlose Monotonie, in der Harry bei seiner Adoptivfamilie lebt, wird also zusehends durch den Versuch von Eulen gestört, Harry einen Brief zuzustellen, was jedoch von Harrys Onkel einige Zeit erfolgreich verhindert wird.

Nun, psychologisch gesehen entspricht das Überbringen von Botschaften durch die Eulen der Tendenz des Unbewussten, seelische Entwicklungsimpulse, im Sinne des Individuationsprozesses, dem Bewusstsein anzubieten.

Es ist ja bekanntlich eine weit verbreitete Erfahrung, dass lange Zeit ignorierte Individuationsimpulse zu immer größeren innerpsychischen Spannungen führen und der weitere Verlauf nicht selten Neurosen, Depressionen oder körperliche Krankheiten sind.

Die Eule gilt seit Alters her als Symbol für Weisheit, aber sie gilt auch als Totenvogel, wobei der Tod tiefenpsychologisch auch für das Unbewusste steht.

Die Eule dringt mit ihren Augen durch die Finsternis der Nacht, das heißt, sie kann im Dunklen liegende Inhalte zugänglich machen.

Man kann dieses Bild der Eulen auch als Symbol für die transzendente Funktion verstehen. Die transzendente Funktion ist, in gewisser Weise, eine psychische Funktion im Individuationsprozess. Durch lebendige und die Gegensätze vereinigende Symbole wird eine Synthese zwischen dem Bewusstsein und dem Unbewussten bewirkt und damit oft eine Bewusstseinserweiterung ermöglicht. In diesem psychischen Prozess kommt es zu einer kompensatorischen Beziehung zwischen dem Bewusstsein und dem Unbewussten, bei dem man sich den Einfällen aus dem Unbewussten überlässt und dabei vor allem gefühlsbetonte Inhalte auffindet. C.G. Jung schreibt dazu (1):

> Die Antwort besteht offenbar darin, die Trennung zwischen Bewusstsein und Unbewusstem aufzuheben. Das geschieht nicht dadurch, dass die Inhalte des Unbewussten einseitig durch bewusste Entscheidung

verurteilt werden, sondern vielmehr dadurch, dass ihr Sinn für di
Kompensation der Einseitigkeit des Bewusstseins erkannt und in Rech-
nung gestellt wird. Die Tendenz des Unbewussten und die des Bewusstseins sind nämlich jene zwei Faktoren, welche die transzendente Funktion zusammensetzen. Transzendent, weil sie den Übergang
von einer Einstellung in eine andere organisch ermöglicht, das heißt
ohne Verlust des Unbewussten. Die konstruktive Methode setzt bewusste Erkenntnisse voraus, welche auch beim Patienten potenziell
wenigstens vorhanden sind und deshalb bewusst gemacht werden können. Weiß der Arzt nichts von diesen Möglichkeiten, so kann er in
dieser Hinsicht auch nichts aus dem Patienten entwickeln, es sei denn,
dass Arzt und Patient gemeinschaftlich dieser Frage ein eigentliches
Studium widmen, was in der Regel aber ausgeschlossen sein dürfte.

Und weiter (2):

Da die Auseinandersetzung mit der Gegenposition ganzheitlichen Charakter hat, so ist nichts davon ausgeschlossen. Alles steht zur Diskussion, auch wenn nur Bruchteile bewusst sind. Das Bewusstsein wird
durch Gegenüberstellung von bisher unbewussten Inhalten beständig
erweitert oder – besser gesagt – könnte erweitert werden, wenn es
sich um deren Integration bemühen wollte. Das ist natürlich keineswegs immer der Fall. Auch wenn genügend Intelligenz vorhanden ist,
um die Fragestellung zu verstehen, so fehlt es doch an Mut und Selbst-
vertrauen, oder man ist geistig und moralisch zu träge oder zu feige,
eine Anstrengung zu machen. Wo aber die nötigen Voraussetzungen
vorhanden sind, da bildet die transzendente Funktion nicht nur eine
wertvolle Ergänzung der psychotherapeutischen Behandlung, sondern
verschafft dem Patienten den nicht zu unterschätzenden Vorteil, aus
eigenen Kräften einen gewichtigen Beitrag an die ärztliche Bemü-
hung zu leisten und in diesem Maße nicht vom Arzte und seinem Können in einer oft demütigenden Weise abhängig zu sein. Es ist ein Weg,
sich durch eigene Anstrengung zu befreien und den Mut zu sich selbst
zu finden.

Es ist ein wirklich sehr treffliches Bild, dass, je länger der Brief,
also der unbewusste Inhalt, nicht erfasst und integriert werden kann,
der Schwarm der Eulen immer größer wird, bis sich schließlich
eine wahre Briefflut in das Haus ergießt.

Der Stiefvater, der die Briefannahme so lange verhindert, steht, psychologisch gesehen, für das herrschende Bewusstsein. Es ist im Grunde genommen ein allgegenwärtiger Wesenszug des Menschen – wir hassen Veränderung! Wie in vielen Märchen, wo der König, als Symbol für das herrschende Bewusstsein, den Status quo aufrecht erhalten will und folglich sterbenskrank wird. Erst wenn sich der Königssohn bzw. die Prinzessin aufmacht, um das Wasser des Lebens in den fernen Landen (also im Unbewussten) unter vielen Gefahren und Anstrengungen zu suchen und zu finden, kann Genesung, Erneuerung und Verjüngung geschehen.

Ich denke, wenn man die Geschichte von Harry Potter und dem Stein der Weisen nicht bloß als ein mehr oder weniger spannendes neuzeitliches Märchen betrachtet, sondern die Szenerie um Harry auch als Persönlichkeits- und Seelenanteile seiner selbst wahrnimmt, kann man erst die Tiefe dieser Geschichte erahnen und, warum so viele Menschen derart ergriffen sind.

Es ist ja wirklich belustigend, wenn man die Versuche von Mister Dursley beobachtet, das Zustellen der Briefe zu verhindern. Da werden, nachdem das Zunageln des Briefschlitzes nichts genutzt hat, sogar die Türen zugenagelt. Dabei singt er, während er die Türen zunagelt, das Lied „Bi-Ba-Butzemann". Dies ist vor allem deshalb erwähnenswert, weil es in diesem Lied ja eigentlich um einen Kobold oder ein Heinzelmännchen geht.
Dies kann als Indiz dafür gewertet werden, dass Mr. Dursley mittlerweile doch etwas von dieser „jenseitigen Welt" infiziert wurde, ohne dass ihm dies wirklich bewusst ist.
Dieses Phänomen der Abwehr begegnet dem Psychotherapeuten ja nun beinahe täglich in seiner Arbeit mit Klienten. Wie bei den Dursleys versucht so mancher Klient und so manche Klientin, oft in fast abenteuerlicher Weise, den Impulsen des Unbewussten zu „entgehen".

Einige dieser Abwehrmechanismen, die Sigmund Freud sehr gut erarbeitet hat, sind (mit diesbezüglich möglichen Äußerungen von Klientinnen und Klienten):

- **Verleugnung:** Z. B. „Das hat nun wirklich nichts mit mir zu tun!"

- **Projektion:** Z. B. „Ich habe keine Aggressionen, Sie sind eher wütend auf mich!"

- **Regression:** Z. B. „Wenn ich nur hier bei Ihnen bin, dann geht es mir gleich gut."

- **Intellektualisierung:** Z. B. „Ja, ja, ich weiß, die Katze aus meinem Traum ist ein Symbol der Isis! Wissen Sie, ich war letztes Jahr in Ägypten, eine interessante Kultur ..."

Dass die ultimative Brieffult durch den Kamin kommt, die Mr. Dursley und seine Familie schließlich in die Flucht treibt, scheint auch nur oberflächlich gesehen als zufällig. So steht im Symbollexikon über den Rauchfang zu lesen (3):

Ein Rauchabzugskanal stellt unter anderem den Durchgang für das Entweichen in den Himmel dar; das Entkommen aus dem Zeitlichen in das Ewige, aus dem Raum in das Unbegrenzte. St. Nikolaus, der durch den Kamin herab kommt, symbolisiert Gaben, die direkt vom Himmel auf die Erde gebracht werden, anstatt durch die irdische Pforte bzw. Tür.
Eine Rauchsäule, die aus einem Rauchabzugskanal aufsteigt, ist eine axis mundi, der Pfad, auf dem man vor Zeit und Raum entrinnen kann in das Ewige und Unbegrenzte.

Es kommt förmlich zu einem Einbruch von oben, wobei dieses Oben im Sinne des Unbewussten verstanden werden kann.

Nachdem es für Mr. Dursley absehbar ist, dass er in seinem Haus dieser Briefflut nicht entkommen kann, verlässt er dieses fluchtartig, mitsamt seiner Familie und Harry.

Er fährt mit seiner Familie im Auto ziellos auf der Suche nach einem Versteck umher.

Mr. Dursley verhält sich eigentlich wie ein Neurotiker, der seiner Neurose immer mehr Macht gibt und dadurch seinen Aktionsradius immer weiter einschränkt. Jung schreibt über die Neurose (4):

Die Neurose ist nämlich keineswegs nur etwas Negatives, sondern auch ein Positives. Nur ein seelenloser Rationalismus kann und hat diese Tatsache übersehen, unterstützt durch die Beschränktheit einer bloß materialistischen Weltanschauung. In Wirklichkeit enthält die Neurose die Seele des Kranken oder zum mindesten einen ganz wesentlichen Teil derselben, und wenn ihm, der rationalistischen Absicht entsprechend, die Neurose wie ein kranker Zahn ausgezogen werden könnte, so hätte er damit nichts gewonnen, sondern etwas sehr Wesentliches verloren, nämlich so viel wie ein Denker, dem der Zweifel an der Wahrheit seiner Schlüsse, oder wie ein moralischer Mensch, dem die Versuchung, oder wie ein Mutiger, dem die Angst abhanden gekommen wäre. Eine Neurose verlieren bedeutet so viel wie gegenstandslos werden, ja, das Leben verliert seine Spitze und damit den Sinn. Es war keine Heilung, sondern eine Amputation.

Und weiter (5):

Man sollte nicht versuchen, wie man die Neurose erledigen kann, sondern man sollte in Erfahrung bringen, was sie meint, was sie lehrt und was ihr Sinn und Zweck ist. Ja, man sollte lernen, ihr dankbar zu werden, sonst hat man sie verpasst und damit die Möglichkeit verloren, mit dem, was man wirklich ist, bekannt zu werden. Eine Neurose ist dann wirklich „erledigt", wenn sie das falsch eingestellte Ich erledigt hat. Nicht sie wird geheilt, sondern sie heilt uns. Der Mensch ist krank, die Krankheit aber ist der Versuch der Natur, ihn zu heilen. Wir können also aus der Krankheit selber sehr viel für unsere Gesundheit lernen, und was dem Neurotiker als absolut verwerflich erscheint, darin liegt das wahre Gold, das wir sonst nirgends gefunden haben.

Man kann dieses Verhalten von Mister Dursley vergleichen mit dem eines Klaustrophobikers, also eines Menschen, der an Platzangst leidet. Ein Klaustrophobiker meidet enge und kleine Räume, oft ohne dabei zu merken, dass er durch sein Verhalten sein Leben oft beträchtlich einschränkt.

Auch bei den Dursleys verhält es sich so, dass sie durch ihr zielloses „nur weg" letzten Endes auf einer kahlen Felseninsel mit einer schäbigen Hütte landen. Mr. Dursley befindet sich zu diesem Zeitpunkt noch immer in dem Glauben, den Briefen, im Sinne des Entwicklungsimpulses, entkommen zu sein. Wie der bereits beschriebene Klaustrophobiker nimmt Mr. Dursley eine massive Verschlechterung seiner Lebensqualität in Kauf, nur um sich nicht mit dem Inhalt des Briefes, also gewisserweise dem Inhalt seiner Neurose, konfrontieren zu müssen. Passenderweise kauft sich Mr. Dursley sogar ein Gewehr. Um seine Neurose aufrechterhalten zu können, würde Mr. Dursley also sogar Gewalt anwenden.

Die Geschichte vom gefangenen Löwen beschreibt diese Haltung recht ironisch (6):

Ein Löwe geriet in Gefangenschaft und wurde in ein Lager gebracht, wo er zu seinem Erstaunen noch andere Löwen antraf, die schon jahrelang dort waren, einige sogar ihr ganzes Leben, denn sie waren dort geboren. Er lernte bald die sozialen Betätigungen der Lagerlöwen kennen. Sie schlossen sich in Gruppen zusammen. Eine Gruppe bestand aus den Gesellschaftslöwen; eine andere ging ins Showgeschäft; wieder andere betätigten sich kulturell, um die Bräuche, die Traditionen und die Geschichten jener Zeiten zu bewahren, als die Löwen in Freiheit lebten. Andere Gruppen waren religiös – sie kamen zusammen, um zu Herzen gehende Lieder zu singen von einem künftigen Dschungel ohne Zäune. Einige Gruppen fanden Zulauf von denen, die sich von Natur aus für Literatur und Kunst interessierten; wieder andere waren revolutionär gesonnen, sie trafen sich, um sich gegen ihre Wärter zu verschwören oder gegen andere revolutionäre Gruppen Pläne zu schmieden. Ab und zu brach eine Revolution aus, die eine oder andere Gruppe wurde ausgelöscht, oder alle Wärter wurden umgebracht und durch andere ersetzt. Als sich der Neuankömmling umsah, bemerkte er einen Löwen, der stets tief in Gedanken versunken schien, ein Einzelgänger, der keiner Gruppe angehörte und sich meistens von allen fern hielt. Es war etwas Seltsames um ihn, das sowohl die Bewunderung der anderen hervorrief, aber auch ihre Feindseligkeit, denn seine Gegenwart erzeugte Angst und Selbstzweifel. Er sagte zu dem Neuankömmling: „Schließ dich keiner Gruppe an. Diese armen Narren kümmern sich um alles, bloß nicht um das Wesentliche." „Und was ist das?", fragte der Neuankömmling. „Über die Art des Zaunes nachzudenken."

Der „Zaun" der eigenen engen Bewusstseinseinstellung bedeutet für Mr. Dursley ein unüberwindbares Hindernis, das ihn an seinen einseitigen Haltungen festhalten lässt.

Um Mitternacht schließlich, als Harry seinen zwölften Geburtstag begeht, klopft es an der Tür.
Die Mitternacht steht, wie Sommer- und Wintersonnenwende, für den zeitlichen Wendepunkt, dem von Alters her besondere Bedeutung beigelegt wird. Im Volksglauben gilt die Mitternacht oft als „Geisterstunde", in der ein Kontakt mit Geistern, armen Seelen usw. am leichtesten herzustellen ist. Die Stunde der Mitternacht, wie die des hellen Mittags, an dem kein Schatten fällt, ist im Märchen oft die Stunde der geheimnisvollen Entscheidung.
In dieser Stunde der geheimnisvollen Entscheidung erscheint Hagrid, der Herr der Schlösser.

4   Der Hüter der Schlüssel

Zu Beginn dieses Kapitels durchbricht Hagrid die Tür und betritt die Hütte. Mister Dursley versucht ihn noch mit den Worten zu vertreiben: „Ich verlange, dass Sie auf der Stelle verschwinden, das ist Hausfriedensbruch."
Hagrid nimmt daraufhin Mr. Dursley das Gewehr aus der Hand und verbiegt den Gewehrlauf zu einem Knoten. Hagrid entfacht anschließend mit Zauberkraft ein Feuer. Als Hagrid merkt, dass die Dursleys Harry bis jetzt alles über Hogwots und seine Eltern verschwiegen haben, gerät er in große Wut. Als Harry diese Wut abzuschwächen versucht, indem er meint, dass er doch schon einiges wüsste, wie zum Beispiel Mathematik und solche Sachen, tut dies Hagrid mit einer Handbewegung ab und sagt: „Ich meine doch unsere Welt, meine Welt, und die Welt von deinen Eltern." Schließlich fragt er Harry: „Du weißt nicht, was du bist?" Mr. Dursley versucht Hagrid zu unterbrechen und ruft: „Hören Sie sofort auf, ich verbiete Ihnen, dem Jungen etwas zu sagen." Als Hagrid weiter erzählt, gerät Mr. Dursley immer mehr in Panik. Schließlich offenbart Hagrid Harry, dass er ein Zauberer ist, und überreicht ihm den Brief von Hogwarts. Später kommt es zu einer Auseinandersetzung zwischen Harry und seiner Tante Petunia, in der er ruft: „Ihr habt gewusst, dass ich ein Zauberer bin?" „Gewusst, natürlich haben wir es gewusst", schreit ihm seine Tante entgegen. „Wie denn auch nicht, wenn meine vermaledeite Schwester so eine war!"
Hagrid erzählt Harry auch von einem bösen Zauberer (Voldemort), dessen Namen er nicht auszusprechen wagt. Harry hatte schon früher und auch im Laufe der Geschichte immer wieder Albträume über Voldemort, den er in grünes Licht gehüllt wahrnimmt, auch als dieser versuchte, ihn zu töten, woher auch seine Narbe herrührte. Allein vor Dumbledore habe dieser Zauberer Angst.

Harrys Eltern beschreibt Hagrid als so gute Menschen, wie er noch niemanden zuvor gekannt hat. Sie haben Dumbledore sehr nahe gestanden. Am Ende des Kapitels erzählt Hagrid noch, dass er aus der Zauberschule hinaus geworfen wurde und von Dumbledore als Wildhüter eingestellt wurde.

4a Die Begegnung mit dem Seelenführer

Zu Beginn dieses Kapitels ist die Lage, in der sich die Dursleys und Harry befinden, mehr oder weniger aussichtslos. Sie befinden sich auf einer felsigen, kleinen Insel, in einer schäbigen Hütte, an welcher der Sturm rüttelt. In dieser Situation der Isoliertheit und Aussichtslosigkeit erscheint nun Hagrid, der Hüter der Schlüssel. Wie bereits erwähnt, ist Hagrid vom seelischen, innerpsychischen Standpunkt aus gesehen als Mercurius oder Seelenführer zu verstehen. Mittlerweile ist der Widerstand von Mister Dursley, verstanden als herrschendes Bewusstsein, das auch durch das Gewehr symbolisiert ist, zu schwach. Hagrid nimmt Mr. Dursley das Gewehr weg und verknotet es, das heißt, er macht es unbrauchbar. Dies kann aus der Sicht des Seelenlebens so verstanden werden, dass, wenn die Abwehr gegenüber den Impulsen aus dem Unbewussten nachlässt, dieser Seelenführer in Form von Träumen, Einfällen oder Ähnlichem auftreten beziehungsweise wirksam werden kann. Weiters wird nun berichtet, dass Hagrid mit Zauberkraft ein Feuer entfacht. In gewisser Weise könnte man dieses Entfachen des Feuers förmlich als Auftakt für den Beginn der neuen Lebensinhalte von Harry Potter betrachten. Hagrid, oder Mercurius, der Seelenführer, tritt hier, wie bei vielen Menschen, in Träumen in einer Situation auf, in welcher Einsicht, Verständnis, guter Rat und Entschluss nötig sind, aber aus eigenen Mitteln nicht hervorgebracht werden können.

Ich möchte an dieser Stelle Auszüge aus dem estnischen Märchen „Wie ein Waisenknabe unverhofft sein Glück fand" (1) anführen, um anhand dieses Märchens die Verhaltensweise des Mercurius, dem Hagrid ja eigentlich entspricht, zu verdeutlichen:

In diesem Märchen wird erzählt, wie ein misshandelter Waisenknabe, dem beim Hüten eine Kuh entlaufen war, aus Furcht vor Strafe nicht mehr nach Hause zurückkehren wollte und auf gut Glück blindlings davon lief. Damit begab er sich in eine hoffnungslose Situation, in der kein Ausweg sichtbar war. Erschöpft fiel er in einen tiefen Schlaf. Als er erwachte, kam es ihm vor, als ob er etwas Flüssiges im Mund gehabt habe, und er sah einen kleinen, alten Mann mit langem, grauem Barte vor sich stehen, der eben im Begriff war, den Spund wieder auf sein Milchfässchen zu setzen. Dann befragt der Alte den Knaben, wer er sei und wohin er wolle. Der Knabe erzählte alles, was er erlebt hatte, solange er sich erinnern konnte, bis zu den Schlägen von gestern Abend. Da sagte der Alte:

„Mein liebes Kind! Dir ist es nicht besser noch schlimmer ergangen als so manchen, deren liebe Pfleger und Tröster im Sarge unter der Erde ruhen. Zurückkehren kannst du nicht mehr. Da du nun einmal fortgegangen bist, so musst du dir ein neues Glück in der Welt suchen. Da ich weder Haus noch Hof, weder Weib noch Kinder habe, so kann ich auch nicht weiter für dich sorgen, aber einen guten Rat will ich dir umsonst geben."

In gewisser Weise verhält es sich auch bei Hagrid und Harry wie in diesem Märchen. Es handelt sich bei einer solchen Anamnese um einen zweckmäßigen Vorgang, der darauf zielt, in dem kritischen Moment, der alle geistigen und physischen Kräfte herausfordert, die ganze Persönlichkeit und ihren Besitzstand gewissermaßen zu versammeln, um mit diesen geeigneten Kräften das Tor zur Zukunft aufzustoßen. Ein Zurück gibt es nicht mehr. Diese Einsicht wird seinem Handeln die nötige Entschiedenheit geben. Indem ihn der Alte zu dieser Realisierung veranlasst, nimmt er ihm die Mühe des eigenen Denkens ab. Ja, der Alte, der ja auch Hagrid oder Mercurius entspricht, ist selber dieses zweckmäßige Nachdenken und Konzentrieren der moralischen und physischen Kräfte, das sich dort, wo ein bewusstes Denken noch nicht oder nicht mehr möglich ist, im außerbewussten psychischen Raum spontan vollzieht.

Als der kluge Alte im weiteren Verlauf des Märchens den Jungen so weit *versammelt* hatte, konnte der gute Rat beginnen, das heißt, die Situation erschien nicht mehr aussichtslos. Er riet ihm, ruhig weiter zu wandern, immer nach Osten, wo er nach sieben Jahren den großen Berg erreichen werde, welcher sein Glück bedeute. Das Große und Aufragende des Berges deutet die erwachsene Persönlichkeit an. Es geht in diesem Märchen, wie in unserer Geschichte, um einen Jungen, der in der Pubertät ist. Die Pubertät ist eben auch eine Zeit der Ablösung und der Ausbildung einer eigenen erwachsenen Persönlichkeit. Dazu passt ja auch sehr gut die Frage von Hagrid: „Du weißt nicht, was du bist?" Ich bin doch sehr geneigt, darauf zu antworten: „Werde, der du bist!"

Der Alte im Märchen gibt dem Helden ein Klettenblatt, das sich in ein Boot verwandeln konnte, wenn der Knabe über ein Gewässer setzen musste.

Auch in unserer Geschichte ist kurz von einem Berg die Rede, nämlich dem Berg, auf dem Hogwots steht. Auch ist es Hagrid, der später die neu ankommenden Schüler mit Booten über den schwarzen See nach Hogwots bringt – eine weitere Parallele zum Märchen vom Waisenknaben, der ebenfalls vom Alten die Möglichkeit des Bootes, in Form eines Klettenblattes, bekommt.

Nun wird Mercurius oft auch mit dem Naturhaften und Grünen in Verbindung gebracht. So auch in einem russischen Märchen, das ich ebenfalls auszugsweise wiedergeben möchte (2):

Als sich der Bauer müde auf einem Baumstumpf niedersetzte, kroch daraus ein kleiner alter Mann hervor, ganz runzlig war er, und ein grüner Bart hing ihm bis zu den Knien hinunter. „Wer bist du denn?", fragte der Bauer. „Ich bin der Waldkönig Och", sagte das Männchen. Der Bauer verdingte ihm seinen liederlichen Sohn. Und als der Waldkönig mit ihm fortging, führte der ihn in jene andere Welt unter der Erde und brachte ihn in eine grüne Hütte. In der Hütte aber war alles grün: Die Wände waren grün und die Bänke, Ochs Frau war grün und die Kinder waren grün, kurz – alles, alles und die Wasserweibchen, die bei ihm dienten, die waren so grün wie Rauten. Sogar das Essen war grün.

Jung schreibt dazu (3):

> Der Waldkönig ist hier als ein Vegetations- oder Baumnumen geschildert, das einerseits im Walde dominiert, andererseits auch – durch die Nixen – Beziehung zum Wasserreich hat, woraus seine Zugehörigkeit zum Unbewussten deutlich erkennbar ist, insofern dies häufig durch Wald sowohl als Wasser ausgedrückt wird.

Nun, einerseits tritt Hagrid in unserer Geschichte als Wald- bzw. Wildhüter auf, eine Parallele ist also unübersehbar; andererseits hat die Farbe Grün für Harry Potter in unserer Geschichte eine zentrale Bedeutung. Man denke nur an die bereits erwähnten Albträume, wo Voldemort stets mit der Farbe Grün in Verbindung gebracht wird.

Man kann also mit Fug und Recht behaupten, dass Voldemort mit dem Naturhaften, das in der Farbe Grün angedeutet ist, zu tun haben muss.

Hildegard von Bingen, eine der ersten schreibenden Ärztinnen des Mittelalters, entwickelt ihre Heilkunde unter dem Begriff der „Viriditas", der Grünkraft, die aus Gottes Schöpferkraft und der Erneuerungskraft des Heiligen Geistes selber kommt und in welcher Heilung und Heil eins werden.

Sie schreibt (4):

> „Oh Grün des Fingers Gottes, in welchen Gott seine Pflanzungen eingesetzt hat." Im Ursprung der Schöpfung war die Grünkraft so stark, dass noch keine Agrikultur nötig war, um den Boden fruchtbar zu machen. Erst durch die Abwendung des Menschen von Gott, seinen „Fall", wurde die Grünkraft so geschwächt, dass nun alles Grün vom Verdorren bedroht ist und ständiger Pflege bedarf. „Von der Sterblichkeit geht kein Leben aus, sondern Leben besteht eben nur im Leben. Kein Baum grünt ohne Kraft zum Grünen, kein Stein entbehrt der grünen Feuchtigkeit, kein Geschöpf ist ohne diese besondere Eigenschaft, die lebendige Ewigkeit selber ist nicht ohne die Kraft zum Grünen."

Laut Hildegard von Bingen liegt diese Grünkraft aber nicht nur in der Vegetation, sondern auch im Fleisch und Blut des Menschen (5):

> Die Seele ist die Grünkraft des Leibes; die Seele wird mittels des Leibes und der Leib mittels der Seele. Vor allem in der Geschlechtskraft von Mann und Frau wirkt diese Grünheit. Sie ist das Blühende der Frau selbst, die Grünkraft führt Mann und Frau zusammen.

Auch in der Gralsmythologie herrscht eine deutliche Grün-Symbolik vor:
Er gilt als eine Schale aus Smaragd oder grünem Kristall, als der Kelch, mit dem Joseph von Arimathia das Blut Christi auffing, und er spiegelt durch das lichthafte Grün des Gefäßes die Bedingungen für die Wiedererneuerung allen Lebens: Liebe und Opfer. Der Gral kann in gewisser Weise als Äquivalent des Steins der Weisen gesehen werden, eines Symbols des Selbst, worauf ich jedoch etwas später genauer eingehen möchte.
Dem Gral gilt die lebenslange „Quest", die „Suchwanderung" der Ritter, die sie durch unerhörte Proben und Wandlungen führt und die ihrerseits wieder mit der Symbolik der grünen Farbe verbunden ist. So begegnet zum Beispiel Gawan dem „Grünen Ritter", einer

Schrecken erregenden, mit der Macht des Todes ausgestatteten Gestalt, die ihm einen Ritterschlag versetzt, der ihn hätte töten müssen, hätte er nicht selbst den grünen Schal, Gabe einer Frau, bei sich getragen. (6)

Mercurius, der schöpferische Wandlungsgeist, erscheint auch in der Alchemie in Gestalt der grünen Mercuriusschlange.
Mercurius, der grüne Naturgeist, wurde unter christlichem Einfluss dämonisiert: Der „Grüne" spielt in den späteren Hexenprozessen als eine Gestalt des Teufels eine Rolle, oft auch tritt das Böse als „Grünrock" auf. Den Hexen wurden grüne Augen zugeschrieben.
Wenn wir nun diese Betrachtungen auf Voldemort beziehen, so können wir allmählich erahnen, was diesen Zauberer so „böse" gemacht hat. Wie in dem bereits erwähnten Märchen „Der Geist in der Flasche", wo dieser Geist durch ein sehr langes Ein- oder Wegsperren (oder auch Abspalten) böse geworden ist und denjenigen, der ihn heraus lässt, töten will, so verhält es sich, so meine ich, in gewisser Weise auch mit Voldemort. Es ist ja recht bezeichnend, dass Voldemort nicht einmal beim Namen genannt wird, aus Angst, man könnte ihn dadurch herbeirufen oder anziehen; er wird nur „du weißt schon wer" genannt. Etwas beim Namen nennen heißt damit in Beziehung kommen, wie im Märchen von Rumpelstilzchen, dessen Macht durch das „Beim Namen nennen" beendet wird. Bezeichnenderweise war auch in diesem Märchen die Lösung im grünen Wald zu finden. Aber auch Jesus fragte den Dämon, der einen Menschen beherrschte, nach seinem Namen, bevor er ihn austrieb. Durch die Dämonisierung, die Verteufelung und Verdrängung des Naturhaften, des Grünen, wurde Voldemort zum Dämon.

Nicht selten sind besonders „gute" Menschen der Gefahr des Voldemort ausgesetzt:
Hagrid beschreibt ja auch Harrys Eltern als so gute Menschen, wie er sonst noch niemanden gekannt hat. Sie standen Dumbledore, verstanden auch als Selbstsymbol, sehr nahe. Nun, Dumbledore

repräsentiert in gewisser Weise die „helle Seite" des Selbst. Aber auch das Selbst hat eine dunkle Seite, die in unserer Geschichte wohl auch mit Voldemort in Verbindung gebracht werden kann. Mehr dazu dann im nächsten Kapitel. Da fällt mir der Spruch ein:

Wir wollen stets das Gute tun und das Böse meiden.

Wenn nun aber das Naturhafte als böse gesehen wird, muss es folglich vermieden werden.
Verfällt man nun auch noch dem Irrglauben, man könne durch das Vermeiden des Naturhaften dieses quasi inexistent machen, kann man früher oder später eine böse Überraschung erleben, ja es kann ihn, wie Harrys Eltern, sogar das Leben kosten.
Jung meinte diesbezüglich einmal sinngemäß:

Dieses Verhalten wäre in etwa so sinnvoll wie die Enthauptung bei Kopfschmerz.

Ich möchte nun auf ein scheinbar nebensächliches Detail von Harry, nämlich seine Narbe, zu sprechen kommen:
Wie bereits erwähnt, ist die Narbe das Einzige, was Harry an sich selbst gefällt. Dies scheint doch recht eigenartig, rührt diese Narbe doch aus der Begegnung mit Voldemort her, der ja seine Eltern auf dem Gewissen hat. Was könnte es also mit dieser Narbe auf sich haben, dass sie für Harry ein derartiges Faszinosum darstellt?
Ingrid Riedel schreibt dazu (7):

> Es geschieht schon unmittelbar nach seiner Geburt, dass Harry dem tödlichen Blick Voldemorts widersteht, von dem er jedoch ein Leben lang eine Narbe auf der Stirn zurück behält. Diese Narbe und seine ärmliche Brille – er ist eine Art „blinder Seher" und verwundeter künftiger Heiler – charakterisieren ihn künftig ein Leben lang; er ist ein Verwundeter. Doch schützende Hintergrundsmächte stehen ihm, auch auf Grund seiner geheimnisvollen Geburt und Identität, allemal bei.

Harry ist also durch seine Narbe, durch seine Wunde mit dem Archetypus des verwundeten Heilers – in der griechischen Mythologie durch Chiron, den Kentauren verkörpert – verbunden. Chiron, der durch einen vergifteten Pfeil des Herakles verwundet wurde, war unter anderem der Erzieher und Lehrmeister des göttlichen Arztes Asklepios.

Dieser Chiron nimmt schließlich auch das Leiden und Sterben für den Titanen Prometheus auf sich und geht in die Unterwelt ein.

Wie bereits angeführt, ist also Harrys Narbe in gewisser Weise auch seine Bestimmung, sein Daimon. Diese Narbe, die oft auch schmerzt, erinnert ihn immer wieder an seine Aufgabe. Er ist, wie Kain, nach der Ermordung seines Bruders Abel ein Gezeichneter. Harrys Aufgabe und Bestimmung ist Voldemort bzw. die Auseinandersetzung mit ihm.

Der Daimon, ein Begriff, der von Platon geschaffen wurde, kann als die göttliche innere Stimme, der Geist, Genius, der Schutzengel, die Seele gesehen werden.

James Hillman schreibt dazu (8):

> Der Daimon ist der Ursprung unseres Charakters und unseres Schicksals, in dem die Berufung eines Menschen von Anbeginn enthalten ist. Wie eine Eiche aus der Eichel hervorgeht, besitzt jeder Mensch von Anfang an einen Kern, ein inneres Bild, in dem bereits alles enthalten ist.

Hillman widerspricht damit herrschenden Lehrmeinungen: der psychologischen Lehrmeinung, die Identität und Schicksal vor allem aus den frühkindlichen Prägungen und Erfahrungen herzuleiten gewohnt ist; der genetischen, die das Schicksal des Menschen durch das Genom bestimmt sieht; und der soziologischen, nach der Umwelt und Milieu unsere Lebensbahn bestimmen.

In seinem Buch „Charakter und Bestimmung" beschreibt Hillman an Hand von Biografien herausragender Persönlichkeiten, wie diese Menschen großartige Dinge vollbringen konnten, weil sie ihrem inneren Lebensplan folgten. Hillman meint in diesem Buch:

> Für unser persönliches Wachstum ist entscheidend, dass wir lernen, auf unsere innere Stimme, den Wesenskern, zu hören. Darin liegt der Schlüssel für ein glückliches, erfolgreiches Leben, in dem Begabungen und Energien zur Entfaltung kommen und herausragende Leistungen erbracht werden können.

In den Büchern von Harry Potter können wir diese Haltung, der inneren Stimme oder Bestimmung zu folgen, an Harry und seinen Freunden immer wieder beobachten. Trotz vielfacher Bedrohung, Niederlagen und Widerstände gehen diese Freunde immer wieder unbeirrt ihren Weg.

Es ist auch in der psychotherapeutischen Arbeit mit Menschen immer wieder ein wunderbares Erlebnis, wenn ich beobachten kann, wie Menschen förmlich aufblühen, wenn sie ihre eigenen Potenziale und ihren innewohnenden Daimon entdecken und entwickeln können.

Doch nun wieder zurück zu unserer Geschichte. Mister und Misses Dursley versuchen im Laufe dieses Kapitels noch einige Male verzweifelt, Widerstand zu leisten. Insbesondere beim Wutausbruch über ihre Schwester, die man in gewisser Weise als Schatten im Sinne des ungelebten Lebens betrachten kann, wird bei Mrs. Dursley ihre Abneigung und Aversion gegenüber allem Irrationalen deutlich spürbar. Diese „Dursley-Haltung" verliert jedoch immer mehr an Kraft und Bedeutung, immer mehr rücken Harry und Hagrid in diesem Kapitel in das Zentrum des Geschehens.

5   In der Winkelgasse

Nachdem Hagrid Harry mitgenommen hat, führt ihr Weg zuerst nach Mittelstadt. Dort begegnen sie unter anderem scheinbar zufällig Professor Quirrell, seinem zukünftigen Lehrer in Hogwarts, der für das Gebiet „Abwehr von schwarzem Zauber" zuständig ist. Dabei scheut sich Professor Quirrell anscheinend, Harrys entgegengestreckte Hand zu schütteln.

Hagrid führt Harry anschließend in die Winkelgasse, wo die nötigen Gegenstände für Hogwarts besorgt werden sollen. Auf die Frage Harrys, wie denn das alles bezahlt werden soll, führt Hagrid Harry in die Bank der Kobolde oder Zwerge. Dort angekommen, teilt Hagrid einem der Gnome mit, dass Harry Geld abheben möchte, sowie, dass Professor Dumbledore ein bestimmtes Päckchen zu bekommen wünscht, und überreicht dem Gnom dazu auch einen Brief, wohl eine Art Vollmacht. Was in diesem Päckchen ist, bleibt ein Geheimnis. Den für das Schließfach des Geldes notwendigen Schlüssel übergibt Hagrid dem Gnom. Beim Öffnen des Geldschließfaches stellt sich heraus, dass seine Eltern Harry großen Reichtum hinterlassen haben.

Beim Öffnen des zweiten Schließfaches nimmt Hagrid den Inhalt, nämlich das geheimnisvolle Päckchen, an sich, ohne Harry zu sagen, was in diesem Päckchen ist, sondern bittet ihn nur, das Gesehene für sich zu behalten.

Nach dem Verlassen der Bank werden die nötigen Utensilien für Hogwarts gekauft. Harry versucht verschiedene, ihm angebotene Zauberstäbe aus, bis der Verkäufer der Zauberstäbe verwundert feststellt, dass gerade der Zauberstab von der Feder des Vogels Phönix Harrys Zauberstab ist, mit dem Hinweis, dass der Zauberstab sich seinen Eigentümer aussucht und nicht umgekehrt. Der Verkäufer erklärt Harry, dass der Bruder dieses Zauberstabes einem schrecklichen Zau-

berer gehöre, der ungemein Schreckliches, aber auch ungemein Großes vollbracht habe.
Als Hagrid zurückkehrt, schenkt er Harry eine Eule zum Geburtstag.

Harry befragt Hagrid, ob der Verursacher des Zeichens, das Harry an der Stirn trägt, der Mörder seiner Eltern sei, was Hagrid bestätigt. Er erzählt Harry von Voldemort, dessen Name nur sehr heimlich genannt wird. Dieser habe Anhänger für seinen dunklen Weg gesammelt, und alle, die sich ihm widersetzten, würden von Voldemort umgebracht. Nur Harry habe Voldemorts Angriff widerstanden, wovon er dieses Mal an der Stirn davon trug.
Später überreicht Hagrid Harry die Fahrkarte nach Hogwots für das Gleis 9¾ und verlässt ihn anschließend mit dem Hinweis, dass Professor Dumbledore das Päckchen erwarte.

Waren die ersten Szenen noch mehr oder weniger mit dem Alltagsleben von Harry verknüpft, so spielen sich die folgenden immer mehr in einem märchenhaften bzw. traumähnlichen Ambiente ab. Ähnliches kann man auch im eigenen Leben manchmal beobachten, wenn die Aufmerksamkeitsspannung des Bewusstseins nachlässt, wie zum Beispiel bei großer Überlastung, starkem Alkoholgenuss usw. Hierbei wird die Bewusstseinsschwelle durchlässiger und Bilder aus dem Unbewussten können sich dem Bewusstsein annähern.
Harry begibt sich unter der Führung von Hagrid nach Mittelstadt, einer Stadt, die quasi hinter der „realen" Stadt London liegt. Eine Parallele finden wir hierzu z.B. in der Trilogie „Herr der Ringe", wo es eben „Mittelerde" statt „Mittelstadt" heißt, was aber keineswegs die einzige Parallele ist, da der tiefenpsychologische Hintergrund bei beiden Büchern starke Gemeinsamkeiten aufweist. (Dies auszuführen, würde den Rahmen dieses Buches sprengen.)

Der Weg geht also „hinter" die bewusste Welt, wo großer Reichtum und Abenteuer, aber auch große Gefahren auf unseren Helden warten.

Eine dieser großen Gefahren zeigt sich gleich zu Beginn durch Professor Quirrell, einen anscheinend lammfrommen, stotternden netten Mann, der erst am Ende der Geschichte seine dunkle Seite, sein zweites Gesicht offenbart. Er, der Harry in der Kunst der Abwehr von bösem Zauber unterrichten soll, ist längst von dieser dunklen Macht vereinnahmt und beherrscht.

5a Der Schatten

Es ist nun mittlerweile eine doch allgemein bekannte Tatsache, dass das, was wir oft an anderen am heftigsten bekämpfen, sehr viel mit unserer eigenen Person zu tun hat, bzw. mit Eigenschaften und Einstellungen, die wir an uns nicht wahrhaben wollen, unsere eigenen Schattenanteile eben. Diese Schattenenergien konstellieren sich häufig in Träumen und Phantasien und können, je mehr sie verdrängt werden, immer autonomeren Charakter annehmen.

Ein gutes Beispiel dazu, auch wenn es sich dabei um einen Kollektivschatten gehandelt hat, ist wohl in der Inquisition und in den Hexenverbrennungen zu sehen.

Die Einseitigkeit, mit der im Mittelalter das bewusste Frauenbild dargestellt wurde, was seinen Ausdruck im Minnekult und einer „vergeistigten", „entkörperlichten" Marienverehrung fand, konstellierte alsbald ihren unbewussten Gegensatz, also Schatten, der dann umso heftiger auf andere projiziert wurde, um ihn bei sich selbst nicht sehen zu müssen. Das Resultat war tausendfacher Mord in Form von Hexenverbrennungen und dergleichen.

Jung schreibt dazu (1):

Es hat eben etwas Furchtbares an sich, dass der Mensch auch eine Schattenseite hat, welche nicht nur etwa aus kleinen Schwächen und Schönheitsfehlern besteht, sondern aus einer geradezu dämonischen Dynamik. Der Einzelmensch weiß selten davon; denn ihm, als Einzelmenschen, kommt es unglaubwürdig vor, dass er irgendwo oder irgendwie über sich selber hinausragen sollte. Lassen wir diese harmlosen Wesen aber Masse bilden, so entsteht daraus gegebenenfalls ein delirierendes Ungeheuer und jeder Einzelne ist nur noch kleinste Zelle im Leib des Monstrums, wo er wohl oder übel schon gar nicht mehr anders kann, als den Blutrausch der Bestie mitzumachen und sogar nach Kräften zu unterstützen. Aus dumpfer Ahnung von diesen Möglichkeiten der menschlichen Schattenseite verweigert man dieser die Anerkennung. Eine dunkle Ahnung sagt uns, dass wir ja nicht ganz sind ohne dieses Negative, dass wir einen Körper haben, der, wie der Körper überhaupt, unweigerlich einen Schatten wirft, und dass wir diesen Körper leugnen. Dieser Körper aber ist ein Tier mit einer Tierseele, das heißt ein dem Trieb unbedingt gehorchendes lebendes System. Mit diesem Schatten sich zu vereinigen, heißt Ja zu sagen zum Trieb und damit auch Ja sagen zu jener ungeheuerlichen Dynamik, welche im Hintergrunde droht. Davon will uns die asketische Moral des Christentums befreien, auf die Gefahr hin, die Tiernatur des Menschen im tiefsten Grund zu stören.

Und weiter (2):

Wenn man sich jemanden vorstellt, der tapfer genug ist, die Projektionen seiner Illusionen allesamt zurückzuziehen, dann ergibt sich ein Individuum, das sich eines beträchtlichen „Schattens" bewusst ist. Ein solcher Mensch hat sich neue Probleme und Konflikte aufgeladen. Er ist sich selbst eine ernste Aufgabe geworden, da er jetzt nicht mehr sagen kann, dass die anderen dies oder jenes tun, dass sie im Fehler sind und dass man gegen sie kämpfen muss. Er lebt in dem Hause der „Selbstbesinnung", der inneren Sammlung. Solch ein Mensch weiß, dass, was immer in der Welt verkehrt ist, auch in ihm selber ist, und wenn er nur lernt, mit seinem eigenen Schatten fertig zu werden, dann hat der etwas Wirkliches für die Welt getan. Es ist ihm dann gelungen, wenigstens einen allerkleinsten Teil der ungelösten riesenhaften Fragen unserer Tage zu beantworten.

Denn das Minderwertige und selbst das Verwerfliche gehört zu mir und gibt mir Wesenheit und Körper, es ist mein Schatten. Wie kann ich wesenhaft sein, ohne einen Schatten zu werfen? Auch das Dunkle gehört zu meiner Ganzheit, und indem ich mir meines Schattens bewusst werde, erlange ich auch die Erinnerung wieder, dass ich ein Mensch bin wie alle anderen. (3)

Doch wieder zurück zu unserer Geschichte:
Hagrid führt Harry in die Winkelgasse und anschließend zur Zwergenbank.
Der Name Winkelgasse lässt den Schluss zu, dass es sich um eine Gasse mit vielen Ecken und Winkeln handelt. Ein Symbol, das sich hierzu förmlich aufdrängt, ist das Labyrinth, das auch oft aus vielen Ecken und Winkeln besteht. Das Labyrinthsymbol ist ein sehr komplexes Symbol mit vielen Bedeutungen, wobei ich nur einige wenige, die für unsere Geschichte von Belang sind, anführen möchte:
So gibt es z.B. im „Lexikon der traditionellen Symbole" von J.C. Cooper (4) eine Abbildung des „Labyrinth des Theseus" aus dem 15. Jhdt. mit dem Text:

„Hast du einmal die schwierige und komplizierte Reise unternommen, was ist im Zentrum? – Du selbst!"

In ein und demselben Symbol gestattet und verbietet das Labyrinth: Es verwehrt den Eingang, indem es ihn erschwert (man denke hier an Hagrids geheime Klopfzeichen an die Mauer, die den Eingang in die Winkelgasse erst ermöglichen!). Es hält dann gefangen, weil der Ausgang schwer zu finden ist; nur wer Erfahrung und Wissen hat, kann das Zentrum finden. Darum tut Harry gut daran, Hagrid, oder Mercurius den Seelenführer, wie ich ihn nenne, zu folgen, denn dieser besitzt Beides in reichem Maße. Die Botschaft, die ich für mich darin entdecke, lautet: „Höre auf deine innere Stimme, deinen Hagrid, Mercurius, oder wie auch immer, und folge ihr, wenn auch mit Vorsicht!"

Diesen Symbolgehalt hat das Labyrinth im Übrigen mit dem Zauberwald gemeinsam, wie wir aus vielen Märchen und Mythen ersehen können und der uns im Laufe der Geschichte ja auch noch begegnen wird.

Als der Weg zum verborgenen Zentrum steht das Labyrinth in Beziehung zur Suche nach dem heiligen Gral, der wiederum von der Bedeutung her ein Pendant zum Stein der Weisen aus der Alchemie darstellt, von dem unsere Geschichte ja auch ihren Namen hat.

Das nötige Kapital findet Harry in der Zwergenbank. Natürlich hat Hagrid – der Herr der Schlüssel – den passenden Schlüssel parat. Beim Öffnen des Schließfaches erfährt Harry den großen Reichtum, den seine Eltern für ihn angelegt haben.

Ich würde dieses „Erbgut" aus tiefenpsychologischer Sicht nicht nur als Vermächtnis seiner leiblichen Eltern sehen, sondern in symbolischer Form: ein Bild für den Reichtum der positiven Elternarchetypen.

Dieses positive Kapital, das Harry hier vorfindet, gibt ihm natürlich einen wesentlich größeren Spielraum für sein Leben; doch eben erst, als er sich dieses Reichtums bewusst wird.

Im zweiten Schließfach befindet sich nun das geheimnisvolle Päckchen, worin, wie wir später erfahren, der Stein der Weisen verborgen ist. Dieses Päckchen nimmt Hagrid sogleich an sich.

Nun stellt sich die wichtige Frage: Was hat es denn mit diesem Stein der Weisen auf sich? Der Stein der Weisen ist, ebenso wie der heilige Gral, das Mandala, Kreuz, Kugel etc. ein Symbol für das Selbst, im Sinne der analytischen Psychologie.

Für den Begriff des Selbst zitiere ich wiederum Helmut Hark aus dem „Lexikon Jungscher Grundbegriffe" (5):

Mit dem Begriff des Selbst versucht Jung die Ganzheit der menschlichen Gesamtpersönlichkeit annähernd zu beschreiben. In der psychischen Ganzheit sind sowohl die bewussten als auch die unbewussten Anteile enthalten, die von dem Selbst als Mitte oder Zentrum der Persönlichkeit gesteuert und umfasst werden. In dem Sinne ist das Selbst ein anordnender und archetypischer Faktor in der Bilderwelt der Seele. Jung weist häufig darauf hin, dass sich das Bewusstsein nicht mit dem Selbst identifizieren darf, weil dies zu einer psychotischen Aufblähung und zu Größenfantasie in Form von Übermenschen führen kann, sondern dass das Ich mit dem Selbst in einer kompensatorischen Beziehung stehen oder eine sog. Ich-Selbst-Achse bilden sollte. Der tiefenpsychologische Begriff des Selbst ist ein Konstrukt und verweist auf bewusstseinstranszendente Beziehungsmöglichkeiten mit Gott und dem Kosmos, mit Kristall und Tieren, mit dem Sein und allem Seienden.
Zwei Aspekte sind ferner für das Selbst wesentlich: zum einen die außerordentliche Wirkung, die auf die numinose Ganzheit dieses Archetypus verweist. Er vermittelt das Gefühl von Zeitlosigkeit und von Ewigkeit. Zum anderen ist das Selbst mit dem Gottesbild und dem inneren Christus verbunden, so dass sie empirisch betrachtet nicht eindeutig unterschieden werden können. Wichtig ist für Jung schließlich noch, dass zur Ganzheit des Selbst bzw. der Gottesbilder auch die Integration des Bösen gehört.

Es ist schwierig, eine Beschreibung für das Selbst zu geben: Die Alchemisten, von denen der Begriff „Stein der Weisen" herrührt, beschreiben in ihren Werken verschiedenste Prozeduren, um den Lapis philosophorum zu finden.
In der Grallegende, wo Parzival den heiligen Gral sucht, stößt man auf Parallelen, die starke Ähnlichkeiten mit der Geschichte von Harry Potter haben. Wie Parzival, als er das erste Mal in die Gralsburg kommt und noch nicht reif genug, zu unbezogen ist, um die richtigen Fragen zu stellen, und folglich einen beschwerlichen Weg des Suchens und Erkennens im Sinne des eigenen Individuations-

weges antreten muss, so geht es auch Harry, der bei der ersten Begegnung mit dem Stein gar nicht realisiert, was vor ihm liegt. Folglich verschwindet der Stein auch gleich bei Hagrid, wie auch bei Parzival die Gralsburg am nächsten Morgen verschwunden ist.

Im Grunde ist die Geschichte von Harry Potter und dem Stein der Weisen voll von Anspielungen auf die Idee des Selbst, und letzten Endes handelt diese Geschichte auch vom inneren Weg, der inneren Entwicklung, die oftmals so manche Schwierigkeit und Mühsal bereithält, aber auch die große Kostbarkeit, diese Beziehung, diese Achse zu unserem Wesenskern, zu unserem „Selbst". Kein Wunder, dass so viele Menschen von dieser Geschichte berührt und fasziniert sind.

Ich werde im Laufe dieser Arbeit immer wieder zu diesem „Selbst" zurückkehren, da auch in unserer Geschichte von Harry Potter immer wieder Anspielungen auf dieses „Selbst" vorkommen.

Eine dieser Anspielungen finden wir bereits in der nächsten Szene: Bei der Auswahl des richtigen Zauberstabes teilt ihm der Verkäufer mit, dass in Harrys Zauberstab die Feder des Phönix eingearbeitet ist und dass quasi das „Gegenstück" oder der „Bruder" dieses Zauberstabes einem großen, aber dunklen Zauberer gehört, der viel Schreckliches, aber auch Großes vollbracht hat.

Dies führt uns auch schon mitten in die große Problematik der Gegensätze, die die Menschheit seit jeher beschäftigt. Diese Gegensätzlichkeit ist natürlich auch im „Selbst" präsent, als „dunkle Seite Gottes". Diese dunkle Seite ist z.B. in den alten Religionen wie der griechischen, römischen, ägyptischen etc. wie völlig selbstverständlich in einer Götterfigur enthalten.

Nehmen wir z.B. die Göttin Aphrodite, die Göttin der Liebe: Diese Göttin spendete einerseits die wunderbarsten Gaben und konnte im Handumdrehen zur eifersüchtigen tödlichen Furie werden. Doch nicht nur in den antiken Religionen, auch im Hinduismus ist die Gegensätzlichkeit im Gottesbild selbstverständlich.

So wird die Göttin Kali – die Vielarmige – als große nährende Muttergottheit verehrt, die andererseits ihre Kinder zeitweise auch frisst.

Gottesbilder sind, wie der Name schon sagt, „Bilder", die aus den Tiefen der Seele entspringen, gezeugt von den Strukturdominanten der Seele, den Archetypen, deren zentraler anordnender Archetypus das Selbst ist.

Warum ich so detailliert auf dieses Thema eingehe, ist die große Bedeutung, die die Gegensatzproblematik einerseits in unserer Geschichte einnimmt und andererseits die Menschheit bis zum heutigen Tag beschäftigt, und deren Nichtbeachtung immer wieder zu den furchtbarsten Katastrophen führt. Ich will Ihnen das an Hand der christlichen Religion veranschaulichen:

Im Alten Testament stand die dunkle Seite Jahwe im wahrsten Sinne des Wortes noch sehr nahe. So wird Satan im Buch Hiob noch als Gottessohn bezeichnet.

Die Textstelle lautet (6):

„Nun geschah es eines Tages, da kamen die Gottessöhne, um vor den Herrn hinzutreten; unter ihnen kam auch der Satan."

Eine radikale Veränderung dieses Gottesbildes kommt mit dem Auftreten von Jesus von Nazareth. So spricht Jesus bei Lukas die Worte (7):

„Ich sah den Satan wie einen Blitz vom Himmel fallen."

Es ist also eine Trennung eingetreten, eine Abspaltung. Schauen wir uns die Inhalte der dunklen Seite, dieses Teuflische, dieses Satanische doch einmal genauer an:

Als wesentliche Attribute des Teufels gelten Lüge, Raserei, Völlerei, Geilheit, um nur einige zu nennen.

Diese Attribute wurden auch dem griechischen Gott Dionysos bzw. dessen Sohn, dem Hirtengott Pan, nachgesagt. Nun finden sich bei Dionysos erstaunliche Parallelen zu Christus. So wie Christus eng mit dem Wein verbunden ist, wie z.B. die Verwandlung von Wasser in Wein bei der Hochzeit zu Kanaah, oder das zentrale Motiv vom letzten Abendmahl, ist auch Dionysos dafür bekannt, Wasser in Wein zu verwandeln, gilt er doch auch als Gott des Weines. Weiters gibt es das Motiv der doppelten Geburt. War bei Christus einerseits die leibliche Geburt in Bethlehem und die zweite, also die geistige Geburt bei der Taufe am Jordan, so war bei Dionysos die erste Geburt, als er von Hermes (oder Mercurius) aus dem Leib seiner sterbenden Mutter Semele herausgerissen wurde und als Sechsmonatskind in den Schenkel von Zeus eingenäht wurde.

Als seine Zeit gekommen war, gebar ihn schließlich Zeus quasi ein zweites Mal.

Doch Dionysos galt auch als mystischer Erlösergott, der von den Toten aufersteht; eine weitere sehr wesentliche Parallele zu Christus.

Christus ist bekanntlich am dritten Tag nach seinem Kreuzestod von den Toten auferstanden.

Dionysos wurde auf Geheiß von Hera, der Gattin des Zeus, von den Titanen in Stücke gerissen und in einem Kessel gekocht. Die Titanin Rhea, die Mutter des Zeus, setzte jedoch die Teile wieder zusammen und brachte ihn zurück ins Leben.

Doch Dionysos war natürlich kein harmloser Gott, wie auf manchen Wirtshausschildern als dickbauchiger älterer Mann mit Weinglas dargestellt.

Neben seinen hellen Eigenschaften, wie z.B. der des Lustvollen, ist er auch ein animalischer Gott, bei dessen Auftreten Menschliches und Tierisches ineinander verschwimmen. Er ist der Gott des Rausches und des Obszönen, der Gott des Grausamen und des Lustvollen zugleich und der erklärte Feind aller allzu ordnungsliebenden Menschen, die er bei ihren Begierden packt und in den Wahnsinn treibt (vgl. Euripides „Die Bakchen").

Auch der Gott Pan, der manchmal als Sohn des Dionysos, aber auch des Gottes Hermes erwähnt wird, weist insbesondere in seinem Aussehen Ähnlichkeiten mit dem Teufel auf. Er wird meist als

bocksbeiniger, mit Hörnern und Pferdeschweif ausgestatteter Natur-
gott dargestellt, mit erigiertem Phallus.

Die Satyrn, wie diese bocksbeinigen Gesellen, die eine Art Pendant zu den römischen Naturgeistern darstellen, hießen, waren im
steten Gefolge des Gottes Dionysos. Bzgl. unserer Gegensatzthematik sei hier auch erwähnt, dass die selben Wesen, die das Animalische im Menschen verkörpern, z.B. die Satyrn, auch untrennbar
mit der hohen Kunst der Komödie und Tragödie verbunden sind. In
der Satire, den witzigen und ironischen Texten, die lateinische Dich-
ter den Satyrn in den Mund legten, halten sie den Menschen den
Spiegel vor und machen sich gleichsam über sie lustig, wenn sie so
tun, als seien sie über ihre animalische Natur ganz und gar erhaben.
(Sehr zu empfehlen dazu das Buch „50 Klassiker Mythen" von Ge-
rold Dommermuth-Gudrich. (8))

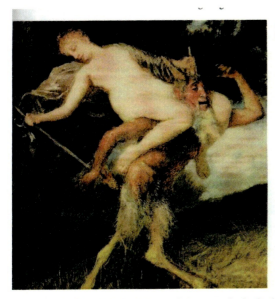

■ Arnold Böcklin (1827–1901),
Nymphe auf den Schultern Pans

Auch auf die Gefahr hin, mich zu wiederholen, ist es doch sehr
wichtig zu betonen, dass es sich bei diesen mythologischen Gestalten um „Seelenenergien" handelt, die nun einmal, ob es uns gefällt
oder nicht, in uns sind.

Werden nun solche Eigenschaften, wie z.B. das Naturhafte des Pans oder das Orgiastische des Dionysos, abgespalten oder „verteufelt", dann beginnt das Leben zusehends zu vertrocknen. Das Leben wird vergeistigt, intellektuell und moralisierend. Man diskutiert und doziert über das Leben, anstatt es zu spüren, zu fühlen und auch zu genießen. So habe ich mir sagen lassen, dass zu Zeiten Jesu die Ausbildung zum Rabbi eine Tanzausbildung beinhaltete, was deckungsgleich ist mit den Apokryphen, den nicht kanonisierten Texten, wo Jesus auch als Tänzer dargestellt wird.

Wie wir aus der Geschichte der katholischen Kirche erkennen können, kamen diese abgespaltenen Anteile sehr oft quasi zur Hintertür wieder herein, wo Inquisition und Hexenverbrennungen als anschauliche Beispiele zu nennen wären. Hier wurden diese dunklen Anteile einfach projiziert, das heißt auf andere übertragen, und dann auf das Heftigste bekämpft.

Doch auch in anderen Bereichen gibt es eindrückliche Darstellungen darüber, wohin eine zu einseitige Bewusstseinseinstellung führen kann:

Vor einigen Jahren wurde ein Musical von Roman Polanski mit dem Titel „Tanz der Vampire" (9) aufgeführt.

In diesem Musical macht ein Professor Jagd auf Vampire, um dadurch den Nobelpreis zu erlangen.

Der Vampir steht für dieses Dunkle, Schattenhafte, Lüsterne, wie wir es bereits von Dionysos kennen. Auch Voldemort trinkt in unserer Geschichte wie ein Vampir das Blut eines Einhorns, um sich am Leben zu erhalten. Diese Anteile haben im Lichte des Bewusstseins keinen Platz und kommen erst des Nachts zum Vorschein, wie zum Beispiel nicht selten auch in Träumen. Die Nacht steht natürlich auch für das Unbewusste. Je unbewusster diese nächtlichen Gestalten sind, desto mehr Energie bekommen sie, sie saugen einen förmlich aus. Was ich damit genau meine, möchte ich Ihnen später an Hand einer kurzen Traumserie eines Klienten schildern.

Doch nun zum Stück von Polanski:
Ich werde im Folgenden einige Szenen anführen, die meiner Meinung nach die verschiedenen Bewusstseinseinstellungen, wie sie auch in unserer Geschichte vorkommen, recht gut darstellen.

So spricht Professor Abronsius, der für das übertrieben rationale Bewusstsein steht:

Niemand kann mich irritieren, für mich zählen nur die Fakten. Niemand kann mich irreführen, denn ich traue nur dem Exakten. Ich such Wahrheit, und Wahrheit will immer Klarheit. Ich glaube an die Vernunft, sie wird am Ende triumphieren. Und mag auch die Professorenzunft mein Wissen ignorieren. Doch ich hasse Emotionen, niemand kann mich provozieren, ohne jemals mich zu schonen, bleibe ich der Wahrheit immer auf der Spur. Mein Verstand ist unbestechlich, ich studier' das Positive. Ich bin niemals oberflächlich, ich seh' immer in die Tiefe. Denn ich sammle die Beweise und bewerte die Motive. Ja, ich dien' in jeder Weise nur dem Fortschritt und der menschlichen Kultur.

Ich denke, wenn wir unsere eigene, teilweise recht übertriebene und einseitige Wissenschaftsgläubigkeit betrachten, so dürften uns diese Worte des Professors nicht allzu fremd erscheinen.

In einer anderen Szene wird Sarah, die Tochter des Wirts, von „Von Krolock", dem Fürsten der Vampire, zum Ball in sein Schloss eingeladen. Sarah wird von ihrem Vater vor aller Welt und vor allem vor den lüsternen Männern versteckt. Sie kann auch als Verkörperung der Sehnsucht nach Integration mit dem abgespaltenen Dunklen verstanden werden. So hören wir von Sarah:

Manchmal in der Nacht fühl' ich mich einsam und traurig, doch ich weiß nicht, was mir fehlt. Manchmal in der Nacht habe ich fantastische Träume, aber wenn ich aufwach', quält mich die Angst. Manchmal in der Nacht lieg' ich im Dunkeln und warte, doch worauf ich warte, ist mir nicht klar. Manchmal in der Nacht spür ich die unwiderstehliche Versuchung einer dunklen Gefahr. Manchmal in der Nacht fühl' ich die Macht eines Zau-

bers, der mich unsichtbar berührt. *Manchmal in der Nacht bin ich so hilflos und wünsche mir, es käme einer, der mich führt und beschützt. Manchmal in der Nacht kann ich es nicht mehr erwarten, ich will endlich eine Frau sein und frei. Manchmal in der Nacht möchte ich Verbotenes erleben, und die Folgen sind mir ganz einerlei.*

Was folgt, ist die Antwort von „Von Krolock":

„Sich verlieren heißt sich befreien, du wirst dich in mir erkennen. Was du erträumst, wird Wahrheit sein, nichts und niemand kann uns trennen. Tauch mit mir in die Dunkelheit ein. Zwischen Abgrund und Schein verbrennen wir die Zweifel und vergessen die Zeit. Ich hüll' dich ein in meinen Schatten und trag dich weit. Du bist das Wunder, das mit der Wirklichkeit versöhnt."

Der Vampir „Von Krolock" spricht hier eine große Wahrheit aus. „Du wirst Dich in mir erkennen", heißt eben, dass man in diesem Schatten ein Stück seiner eigenen Identität finden kann, was zur Ganzheit (nicht zur Vollkommenheit!) der eigenen Persönlichkeit beitragen kann. „Du bist das Wunder, das mit der Wirklichkeit versöhnt", heißt nichts Anderes, als dieses dunkle, ev. dionysische in die Alltagswirklichkeit zu integrieren, womit nicht gesagt ist, dass dies eine einfache Angelegenheit sei. Aber dies wird ja auch in unserer Geschichte von Harry Potter deutlich, dass diese Auseinandersetzung mit der dunklen Seite alles andere als ein Spaziergang ist.

Die Geschichte vom „Tanz der Vampire" endet damit, dass die von „Von Krolock" entführte und gebissene Sarah von Professor Abronsius aus „Von Krolocks" Schloss geholt wird. Professor Abronsius ist überzeugt, dadurch den Nobelpreis zu bekommen, und spricht voll Stolz:

Wir sind entkommen, mein Verstand hat triumphiert und die Menschheit vor dem Verderben bewahrt. Durch meine Forschung habe ich den Beweis erbracht: Es gibt Lebendtote, hier jedenfalls. Sie verlassen die Särge bei Nacht und saugen Lebenden das Blut aus dem Hals. Zum Glück kann unsere Vernunft sie überwinden. Wir sind sicher dank Geist und Wissenschaft. Unsere Ziele sind klar, unsere Methoden bewährt. Wir sind praktisch und aufgeklärt. Der Fortschritt ist unaufhaltsam, die Welt ist nicht mehr, was sie war.

Letztendlich wird jedoch durch Sarah bzw. durch Professor Abronsius, der Sarah hinausbringt, die ganze Menschheit zu Vampiren (Sarah beißt den Professor, usw.), womit letztendlich die übertrieben rationale Einstellung des Professors ad absurdum geführt wird.

Ich möchte Ihnen nun, wie bereits angekündigt, an Hand von Auszügen aus einem Therapieprotokoll vor Augen führen, wie die Bearbeitung der Schattenproblematik aussehen könnte, und was an Potenzial für das eigene Leben gewonnen werden kann.

Es handelt sich dabei um einen jungen Mann, der wegen seiner, wie er sagt, großen Lebensfrustration zur Therapie kommt. Er zeigt sich der Gesellschaft gegenüber sehr frustriert, wobei er sich für einen sehr toleranten Menschen hält, sowie für einen überzeugten Pazifisten. Seiner Meinung nach besteht das Leben nur aus Geburt, sinnlosem Arbeiten und Sterben. Seine Schilderungen bewegen sich weitgehend auf einer sehr rationalen Ebene, wobei nur sehr wenig Gefühlsregungen wahrnehmbar sind. Weiters beschreibt der Klient einige wagemutige Aktionen, wie z.B., dass er einem Dealer Heroin gestohlen hat und daraufhin von mehreren Männern verfolgt wurde. Bereits im Erstgespräch erzählt der Klient, ich nenne ihn Herrn A., folgenden Traum:

Ich stehle einer Mafiaorganisation die Baupläne. Diese Organisation verfolgt mich. Ich verstecke mich, doch die Leute finden mich. Wir vereinbaren, dass ich durch einen Kopfschuss getötet werde. Ich bin glücklich, dass ich erschossen werde. Es wird ganz warm in meinem Kopf.

Schon an Hand der Schilderung dieses ersten Traumes wird, wie ich meine, die Schattenproblematik bei Herrn A. recht gut ersichtlich.

Die übermächtige, pazifistische Grundeinstellung des Klienten, diese absolute „Aggressionslosigkeit", verhindert weitgehend jegliche Form von Aggressionsimpulsen und in weiterer Folge auch von Emotionalität.

Das Unterbewusstsein bietet im Traum, im Sinne der Kompensation, dem Bewusstsein des Klienten einen „Lösungsansatz" an:

Das Stehlen der Baupläne dieser Mafiaorganisation kann wie folgt verstanden werden: Durch die Auseinandersetzung mit diesen Bauplänen kann die Struktur oder Beschaffenheit der Verbrecherorganisation, wobei diese Organisation im Sinne der eigenen Aggressivität verstanden werden kann, in das Bewusstsein integriert werden.

Bezeichnenderweise empfindet der Klient den Kopfschuss förmlich als Erlösung. Im Kopf, der auch als Symbol des rationalen Denkens aufgefasst werden kann, wird nun plötzlich ein Gefühl wahrgenommen.

Die bisherige Bewusstseinseinstellung wird im Traum getötet und durch das warme Gefühl erneuert und erweitert.

Einige Wochen später erzählt Herr A. einen weiteren Traum, aus dem die Belebung der Schattenthematik sehr gut ersichtlich wird:

In einer Stadt ist eine Burg und die Königin der Burg will die Welt zerstören. Ich bin unterwegs mit meiner Freundin, um das zu verhindern. Wir schleichen uns mit einem Freund im Schloss vorbei an Wachen und Heerscharen. Wir finden den Plan der Königin, den sie dazu braucht, um die Welt zu zerstören. Plötzlich sind alle hinter uns her. Als wir mit dem Auto davonfahren, merken wir, dass die Freundin im Schloss zurückgeblieben ist. Die Königin lacht, weil sie meine Freundin gefangen hat. Ich komme in eine Bar, wo man Schlägertypen anmieten kann. Diese rüsten uns aus.

Wir stürmen mit dem Auto in das Schloss, zerstören die Mauern und neh-
men die Freundin mit. Beim Davonfahren überfahren wir noch einige
Wachen der Königin.

Ohne nun auf alle Einzelheiten des Traumes eingehen zu wollen,
ist es meiner Meinung nach doch sehr gut spürbar und ersichtlich,
wie sich Aggressions- und Emotionsenergie manifestieren. Die pazifistische Bewusstseinseinstellung wird nun zusehends mit den inneren Heerscharen und Schlägern, im Sinne des eigenen Schattens,
konfrontiert.

Der Klient meint zu diesem Traum unter anderem, dass es ihm sehr
schwer fällt, sich mit diesen Traumbildern zu befassen, da er fast
immer versucht, jegliche emotionale Regung abzuspalten. So meint
er einmal wörtlich:

„Ich sehe Gefühlsäußerungen nur als weitere chemische Reaktionen im
Gehirn."

Es fällt dem Klienten zu diesem Zeitpunkt also noch recht schwer,
sich diesen inneren Schattenanteilen anzunähern.

Der Verlauf der Therapie ist lange Zeit geprägt von intellektuellen
Inhalten. Als Wendepunkt könnte die Gesprächseinheit bezeichnet
werden, in der Herr A. folgenden Traum berichtet:

Ich bin mit meinem Freund im Schlosspark und probiere Waffen aus. Wir
wollen in die Luft schießen (der Schlosspark ist in der Realität ein abso-
luter Ruhebereich, wo Lärm tabu ist). Wir haben eine letzte Kugel im
Lauf und ich will Richtung Stadtzentrum schießen, als drei Jugendliche
kommen und ich einen davon versehentlich treffe. Hierbei empfinde ich
eine große Betroffenheit und eine starke Emotionalität. Es erfolgt ein Sze-
nenwechsel und ein Nazi kommt und spricht vom Verfall der Sitten und
fordert mich zum Duell. Wir gehen im Kreis und immer mehr Leute kom-
men, sowohl Nazis als auch Leute von der alternativen Szene. Ich will ihn

mir gesonnen stimmen und rede auf ihn ein. Wir gehen zu einem Asylanten-
heim, wo ein Schwarzer herauskommt, und der Nazi fordert mich auf, ihn
abzustechen. Ich versuche, mich herauszureden.

Ich denke, es ist hier unschwer die zunehmende Annäherung von
Bewusstseinseinstellung und Schatten erkennbar. Es kommen immer mehr Menschen der alternativen Szene, im Sinne der herrschenden Bewusstseinseinstellung, wie auch der Nazis, im Sinne des eigenen Schattens, zusammen.

Alsbald wird im Rahmen der Therapie eine zunehmende Leben-
digkeit des Klienten spürbar. Er berichtet schließlich in einer Gesprächseinheit, dass er nun seine Aggressivität auch nach außen
leben könne und nicht jeder Konfrontation aus dem Weg gehen
muss, ja er findet mittlerweile sogar etwas Spaß daran, auch einmal
mit jemandem streiten zu können. Gleichzeitig findet der Klient
nun auch genug Energie zur Realisierung seiner neuen Zukunfts-
vorstellungen.
Das Wesentliche der Schattenbearbeitung könnte man abschließend
in einer Frage beschreiben:

Wie kann ich ein Maximum an Schatten integrieren, ohne dabei mir und
anderen sonderlich zu schaden?

Nun, durch eine bewusste Auseinandersetzung mit Inhalten aus
Träumen, Imaginationen und Ähnlichem kann diese eben beschriebene Schattenintegration gelingen und können unbewusste Inhalte
in das Bewusstsein integriert werden. Ein Spruch des Asklepios
lautet: „Der, der verwundet hat, heilt auch."
Übersetzt auf unsere Schattenthematik bedeutet dies: Wenn man
diese Schattenanteile, die das Leben behindern bzw. diesem feh-
len, integrieren kann, so führt dies zu einem Stück Heilung, im
Sinne eines ganzheitlicheren Lebens.

Der Teufel als Luftgeist und widergöttlicher Intellekt
Illustration zu Faust 1. Teil von Delacroix (1789-1863) (10)

6 Abreise vom Gleis Neundreiviertel

Harry kann anfangs das Gleis Neundreiviertel nicht finden,
bis er eine Frau trifft, die gerade ihre Söhne zum Zug nach
Hogwarts bringt. Diese erklärt ihm die richtige Vorgangswei-
se, um zu diesem Gleis zu kommen:
„Wie du zum Gleis kommen sollst?", fragte sie freundlich.
„Keine Sorge", sagte sie. „Du läufst einfach geradewegs auf
die Absperrung am Bahnsteig für die Gleise 9 und 10 zu.
Halt nicht an und hab keine Angst, du könntest dagegen knal-
len! Das ist sehr wichtig!"
Im Zugabteil lernt Harry Potter Ron Weasley kennen. Als Harry
und Ron Weasley in ihrem Zugabteil frühstücken, steckt in
einer Schokoladenschachtel eine Spielkarte, auf der Albus
Dumbledore abgebildet ist. Darauf steht: Dumbledore, gegenwärtig Schulleiter von Hogwarts, gilt bei vielen als der
größte Magier der jüngeren Geschichte. Dumbledores Ruhm
beruht vor allem auf dem Sieg über den schwarzen Magier
Grindelwald im Jahr 1945, auf der Entdeckung der zwölf Anwendungen für Drachenblut und auf seinem Werk über Alchemie, das er zusammen mit seinem Partner Nicolas Flamel
verfasst hat.
Im Zug lernen sie auch Hermine Granger kennen, die ihnen
erzählt, dass sie sämtliche Schulbücher auswendig gelernt
hat. Ron Weasley meint über Hermine: „Egal, in welches Haus
ich komme, Hauptsache, die ist woanders!"
Etwas später lernt Harry Potter auch Draco Malfoy kennen.

6a   Sich auf das Unbewusste einlassen

Wenn ich die ersten Szenen dieses Kapitels betrachte, staune ich
nicht schlecht: Da rät Harry eine völlig fremde Frau, mit vollem
Tempo gegen eine Absperrung zu laufen, mit dem Hinweis, nicht

anzuhalten und keine Angst zu haben. Versetzen Sie sich doch einmal, verehrte Leserin und verehrter Leser, in die Situation von Harry. Nach den Anweisungen dieser fremden Frau laufen Sie nun mit vollem Tempo auf eine Absperrung zu. Sie können nur darauf vertrauen, dass diese Frau weiß, was sie sagt. Sie vertrauen darauf, dass diese Wand nur ein Durchgang in eine andere Welt ist.

Nun, im Umgang mit dem Unbewussten verhält es sich in gewisser Weise ähnlich. Um einen wirkungsvollen Umgang mit den Symbolen des Unbewussten zu finden, müssen wir unser rationales Denken ein Stück weit zurücknehmen, um uns in die Wirkkraft des Symbols einlassen zu können. Unser rationaler Verstand sagt uns möglicherweise bei der Betrachtung von Traumsymbolen: „Dass ergibt doch keinen Sinn", ähnlich, wie wenn man auf eine Absperrung mit vollem Tempo zulaufen sollte. Es verhält sich vielleicht so wie mit dem Mann, der eine Doktorarbeit über den Geschmack der Zitronen schrieb, bis er eines Tages eine Zitrone kostete und rief: „Was habe ich nur für einen Narren aus mir gemacht!"

Erst in der Erfahrung und im lebendigen Erleben können wir möglicherweise die Wirkkraft des Symbols erfahren.

Denn die rationale Erledigung des Symbols ist der „Tod" des Symbols.

6b   Die Vereinigung der Gegensätze – Die Conjunctio

Was insbesondere dem westlichen Kulturmenschen den Umgang mit dem Symbol und dem Unbewussten weiters erschwert, ist, dass es der weit verbreiteten Haltung des „entweder – oder" zuwider läuft. Die Sichtweise, dass sowohl Helles und Dunkles, Gutes und Böses, letzten Endes also Gegensätzliches in ein und demselben erfahren wird – dieses „sowohl als auch" – ist für uns noch immer schwer zu akzeptieren. Die Alchemie nennt diesen Prozess der Gegensatzvereinigung „conjunctio". In der Alchemie versteht man unter der „conjunctio" eine Vereinigung von verschiedenen Elementen in den stofflichen Prozessen, die zur Geburt und Entstehung von etwas Neuem führt. Eine zentrale Frage ist, wie das Bewusstsein mit den gegensätzlichen Erscheinungsbildern des Unbewussten umgeht. Doch ist diese Sichtweise der Gegensatzvereinigung nicht nur auf den Umgang mit dem Unbewussten beschränkt. Im Sinne der Idee von der conjunctio könnte auch die Diskussion um das Leib-Seele-Problem weiterführen, um diese nicht mehr als Gegensätze zu betrachten, sondern in einer sehr engen Verbindung zu sehen.

Warum ich das Thema der conjunctio, also der Gegensatzvereinigung, gerade hier anspreche, ist die Thematik des Selbst in Bezug auf Albus Dumbledore.

Wie bereits erwähnt, kann das Selbst auch als ein anordnender und archetypischer Faktor in der Bilderwelt der Seele gesehen werden.

Die Bilder, in denen das Selbst im Sinne der Vereinigung der Gegensätze erscheint, sind zum Beispiel das Tao als Zusammenspiel von Yang und Yin, aber auch als das Brüderpaar, als der Held und sein Gegenspieler, der Drache, Faust und Mephisto, Jesus und Lucifer …

Wenn wir nun lesen, dass eine von Dumbledores größten Taten darin besteht, dass er den bösen Magier Grindelwald 1945 besiegt hat, so stehen wir schon mitten in der Gegensatzthematik des Selbst. Es ist ja unschwer zu erkennen, wer mit diesem dunklen Magier gemeint ist.

So ist der Name Grindelwald der einzige deutsche Name in unserer Geschichte. Dass Dumbledore diesen Magier gerade 1945 besiegt hat, ist wohl kaum ein Zufall, ist es doch auch das Jahr, an dem „Hitler-Deutschland" kapituliert hat und der Zweite Weltkrieg zu Ende ging.

Man kann dies also so interpretieren, dass Dumbledore, als Bild für den positiven und hellen Aspekt des Selbst, den Kampf gegen seinen dunklen „Bruder" Grindelwald gewonnen hat, wie Christus gegen Satan.

Das Selbst als anordnender Faktor gilt eben nicht bloß für den Einzelnen, sondern natürlich auch für das Kollektiv. Wenn sich also die dunkle Seite des Selbst im Kollektiv manifestiert, so sind nicht selten Katastrophen wie die des Nationalsozialismus die Folge.

Dazu C.G. Jung (1):

Auf diese Frage antwortet die christliche Anschauung, dass das Böse eine privatio boni (Mangel an Gutem) sei. Diese klassische Formel beraubt das Böse der absoluten Existenz und macht es zu einem Schatten, der nur eine vom Licht abhängige, relative Existenz hat. Dem Guten dagegen wird Positivität und Substanz zugesprochen. Die psychologische Erfahrung zeigt, dass „gut" und „böse" das Gegensatzpaar eines sogenannten moralischen Urteils ist, welches als solches seinen Ursprung im Menschen hat. Ein Urteil kann bekanntlich nur gefällt werden, wenn sein inhaltliches Gegenstück ebenso real möglich ist. Einem scheinbar Bösen kann nur ein scheinbar Gutes gegenüberstehen, und ein substanzloses Böses kann sich nur von einem ebenso substanzlosen Guten abheben. Wenn also vom Bösen behauptet wird, es sei eine bloße privatio boni, so wird damit der Gegensatz Gut-Böse schlechthin geleugnet. Hat das Böse keine Substanz, so bleibt das Gute schattenhaft, denn es muss sich nirgends gegen einen substanzhaften Gegner verteidigen, sondern nur gegen einen Schatten, eine bloße privatio boni. Eine solche Ansicht will schlecht zur beobachtbaren Wirklichkeit passen.

Grindelwald und auch Voldemort sind also in gewisser Weise die Schattenbrüder von Dumbledore.

Ein ähnliches Brüderpaar finden wir auch in der bereits erwähnten Oper von Wolfgang Amadeus Mozart, „Die Zauberflöte":
Das „Brüderpaar" sind in dieser Oper Sarastro, der fromme und tugendhafte Priester, und Monostatos, der schwarze Mohr, der sich ebenfalls im Tempel des Sarastro aufhält. Wenn Sarastro als Bild und positiver Aspekt des Selbst gesehen werden kann, so ist der Mohr Monostatos dessen lüsterner „Schattenbruder". Ein weiteres

„Brüderpaar" sind in dieser Oper natürlich auch Tamino und sein naturnaher Schattenbruder Papageno, wie auch Papagena die „Schattenschwester" von Pamina ist.

Für den Aspekt des „Gut-Böse" im Selbstsymbol in Bezug auf Dumbledore spricht auch die Erwähnung der „Zwölf Anwendungen für Drachenblut", die Dumbledore verfasst hat. Der Drache verkörpert in vielen Religionen die gottfeindlichen Urmächte, die überwunden werden müssen. So verfolgt in der Apokalypse der Drache als Prinzip des Satans die mit der Sonne gekleidete Frau, die das Christuskind gebiert. Auch steht der Drache in China und Japan mit dem bereits erwähnten Selbstsymbol des Yin und Yang in engem Zusammenhang. Der Drache mit dem Phönix gilt auch als Vereinigung von Himmel und Erde sowie der göttlichen Möglichkeit, in der alle Gegensätze enthalten sind. Im Buch „Harry Potter und die Kammer des Schreckens" wird ja auch offenbar, dass Dumbledore einen Phönix bei sich hat. Damit wiederholt sich die Anspielung, als Harry Potter seinen Zauberstab bekommt. Dort teilt der Verkäufer Harry ja mit, dass der Phönix, dessen Schwanzfeder in Harrys Zauberstab eingearbeitet ist, noch eine zweite Feder hatte. Diese sei in den „Bruder" von Harrys Zauberstab eingearbeitet. Nun, und dieser „Bruder-Zauberstab" gehört Voldemort.

Wenn nun Dumbledore zwölf Anwendungen für Drachenblut gefunden hat, so deutet dies eben auf einen Sieg über das Böse im Sinne des Drachens hin. Doch der Drache steht auch für das autonome Naturhafte. Wer erinnert sich hier nicht unwillkürlich an Siegfried, der im Drachenblut badet und so beinahe unverwundbar wird. Dieses Drachenblutbadmotiv führt uns sehr eindrücklich vor Augen, was wir gewinnen können, wenn wir uns mit dem eigenen Drachen, verstanden als Symbol der autonomen Naturhaftigkeit des Unbewussten, auseinandersetzen.

Ich denke, gerade in unserer Zeit ist es von geradezu lebensnotwendiger Bedeutung, sich mit der Sichtweise des „gut oder böse" auseinander zu setzen. Gerade nach den Kriegshandlungen der letzten Zeit wird deutlich, dass die Sichtweise „Hier sind die Guten – dort sind die Bösen" nicht länger aufrecht zu erhalten ist.

Eine recht eindrückliche Anspielung finden wir ja auch in unserer Geschichte:

Dort sind Harry und seine Freunde fest von der Boshaftigkeit von Professor Snape überzeugt und davon, dass er den Stein der Weisen für Voldemort stehlen will. Es steht außer Frage, Snape war in höchstem Maße unfair zu Harry.

Am Ende der Geschichte stellt sich jedoch heraus, dass gerade Professor Snape versucht hat, Harry beim Quiddichspiel zu helfen. Auch war er es, der sich Professor Quirrell, der Voldemort in sich inkarniert hat, als Einziger entgegengestellt hat.

So meine ich, es wäre wie bei Harry und seinen Freunden auch bei uns höchst an der Zeit, vorgefasste Meinungen über gut und böse kritisch zu hinterfragen.

6c Das Selbst – Verbindung zum Göttlichen

Es wird erwähnt, dass Dumbledore mit seinem Partner Nicolas Flamel ein Werk über Alchemie verfasst hat. Wir erfahren später, dass dieser Nicolas Flamel im Besitz des einzigen Steins der Weisen ist, der alles Metall zu Gold verwandelt und außerdem das Elexier des ewigen Lebens hervorbringt.

Der tiefenpsychologische Begriff des Selbst ist ein Konstrukt und verweist auch auf bewusstseinstranszendierende Beziehungsmöglichkeiten mit Gott und dem Kosmos, mit Kristallen und Tieren, und mit dem Sein und allem Seienden.

Jung schreibt dazu (2):

Intellektuell ist das Selbst nichts als ein psychologischer Begriff, eine Konstruktion, welche eine uns unerkennbare Wesenheit ausdrücken soll, die wir als solche nicht erfassen können, denn sie übersteigt unser Fassungsvermögen, wie schon aus ihrer Definition hervorgeht. Sie könnte ebensowohl als „der Gott in uns" bezeichnet werden. Die Anfänge unseres ganzen seelischen Lebens scheinen unentwirrbar aus diesem Punkte zu entspringen, und alle höchsten und letzten Ziele scheinen auf ihn hinzulaufen.

Und weiter (3):

Dieser Archetypus des Selbst hat in jeder Seele auf die „Botschaft" geantwortet, so dass der konkrete Rabbi Jesus in kürzester Frist vom konstellierten Archetypus assimiliert wurde. So verwirklichte Christus die Idee des Selbst. Da man nun aber empirisch nie unterscheiden kann, was ein Symbol des Selbst und was ein Gottesbild ist, so treten diese beiden Ideen trotz aller Unterscheidungsversuche immer wieder vermischt auf, zum Beispiel das Selbst als Synonym mit dem inneren Christus, oder Christus als Gott („dem Vater wesensgleich") oder der Atman als individuelles Selbst und zugleich als Wesen des Kosmos, oder Tao als individueller Zustand und zugleich als korrektes Verhalten der Weltereignisse. Psychologisch beginnt die „göttliche" Domäne unmittelbar jenseits des Bewusstseins, denn dort schon ist der Mensch der Naturordnung auf Gedeih und Verderb preisgegeben. Die ihm von dort entgegentretenden Symbole der Ganzheit benennt er mit Namen, die je nach Zeit und Ort verschieden sind. Psychologisch ist das Selbst definiert als die psychische Ganzheit des Menschen. Zum Symbol des Selbst kann alles werden, von dem der Mensch eine umfassendere Ganzheit voraussetzt als von sich selber. Daher besitzt das Symbol des Selbst keineswegs immer jene Ganzheit, welche die psychologische Definition erfordert, auch die Gestalt Christi nicht, denn dieser fehlt die Nachtseite der seelischen Natur, die Finsternis des Geistes und die Sünde. Ohne Integration des Bösen aber gibt es keine Ganzheit.

In Sinne der Verbindung des Selbst im Menschen (wofür der Stein der Weisen ja auch steht) mit dem Göttlichen können die Worte Jesu im Johannesevangelium verstanden werden (4):

Jesus antwortete ihr: Wenn du wüsstest, worin die Gabe Gottes besteht und wer es ist, der zu dir gesagt: Gib mir zu trinken!, dann hättest du ihn gebeten und er hätte dir lebendiges Wasser gegeben. Sie sagte zu ihm: Herr, du hast kein Schöpfgefäß und der Brunnen ist tief; woher hast du also das lebendige Wasser? Bist du etwa größer als unser Vater Jakob, der uns den Brunnen gegeben und selbst daraus getrunken hat, wie seine Söhne und seine Herden? Jesus antwortete ihr: Wer von diesem Wasser trinkt, wird wieder Durst bekommen; wer aber von dem Wasser trinkt, das ich ihm geben werde, wird niemals mehr Durst haben; vielmehr wird das Wasser, das ich ihm gebe, in ihm zur sprudelnden Quelle werden, deren Wasser ewiges Leben schenkt.

In dieser Bibelstelle ist die Verbindung vom Gottesbild, in diesem Falle Christus, mit dem Stein der Weisen, aus dem das Wasser des Lebens fließt (verstanden als das Symbol des Selbst), unübersehbar.

In der Alchemie des Mittelalters wurde der Stein der Weisen als das höchste Ziel verstanden. Er ist, passend zu dem bereits angeführten, das Symbol für die Vereinigung und Versöhnung der Gegensätze (5):

Er stellt die Wiedererlangung der Einheit und das Wiederfinden des Zentrums dar. Er ist die Vollkommenheit und die absolute Wirklichkeit; er ist der, der alles nach seinem Willen bewegt; die geistlich-religiöse, geistlich-sinnliche und moralische Integrität des Menschen; das befreite und in sich vereinigte Selbst; der sichtbar gemachte Spiritus mundi.

Ich interpretiere die Aussage, dass Nicolas Flamel der Partner von Dumbledore ist, so, dass Flamel ein Teil, ein Aspekt von Dumbledore ist. An Hand der eben angeführten Schilderungen ist es wohl unübersehbar, dass Flamel den spirituellen, transzendenten und kosmischen Aspekt des Selbst, den Dumbledore ja auch verkörpert, darstellt.

Um diese, zugegebenerweise schwierige Thematik des Selbst in Bezug auf Spiritualität und Transzendenz zu erhellen, möchte ich wieder Jung zu Wort kommen lassen (6):

Dass die Gottheit auf uns wirkt, können wir nur mittels der Psyche feststellen, wobei wir aber nicht zu unterscheiden vermögen, ob diese Wirkungen von Gott oder vom Unbewussten kommen, das heißt, es kann nicht ausgemacht werden, ob die Gottheit und das Unbewusste zwei verschiedene Größen seien. Das Gottesbild koinzidiert genau gesprochen nicht mit dem Unbewussten schlechthin, sondern mit einem besonderen Inhalt desselben, nämlich mit dem Archetypus des Selbst. Dieser ist es, von dem wir empirisch das Gottesbild nicht mehr zu trennen vermögen. Man kann zwar eine Verschiedenheit dieser beiden Größen postulieren. Das nützt uns aber gar nichts, im Gegenteil hilft es nur dazu, Mensch und Gott zu trennen, wodurch die Menschwerdung Gottes verhindert wird. Gewiss hat der Glaube recht, wenn er den Menschen die Unermesslichkeit und Unerreichbarkeit Gottes vor Augen und zu Gemüte führt; aber er lehrt auch die Nähe, ja Unmittelbarkeit Gottes, und es ist gerade die Nähe, die empirisch sein muss, soll sie nicht völlig bedeutungslos sein. Nur das, was auf mich wirkt, erkenne ich als wirklich. Was aber nicht auf mich wirkt, kann ebenso gut nicht existieren. Das religiöse Bedürfnis verlangt nach Ganzheit und ergreift darum die vom Unbewussten dargebotenen Ganzheitsbilder, die unabhängig vom Bewusstsein aus den Tiefen der seelischen Natur aufsteigen.

6d   Die Ich-Selbst-Achse

Es ist abschließend wichtig, zu betonen, dass das „Ich" oder der „Ich-Komplex", als Zentrum des Bewusstseins, sich nicht mit dem Selbst identifizieren darf. Ist dies der Fall, so kommt es zu einer Inflation des Bewusstseins sowie zu Anpassungsschwierigkeiten *in der* Realität.

Ein gutes Beispiel dazu ist in unserer Geschichte Professor Quirrell, der seine eigene Identität immer mehr verliert, indem Voldemort, als dunkle Seite des Selbst, die „Macht" in ihm übernommen hat. Auch dass Harry und seine Freunde am Ende des Schuljahres von Hogwarts wieder in die Welt der Muggel zurückkehren müssen, kann so verstanden werden, dass man sich mit der Welt des Unbewussten, in diesem Fall also Hogwarts, nicht völlig identifizieren darf.

Es kann sonst zu einem zunehmenden Realitätsverlust bis hin zur Psychose kommen.

In meine Praxis kommen vermehrt Jugendliche, die sich selbst verletzen. Sie tun dies nach eigenen Angaben deshalb, weil sie große Schwierigkeiten haben, sich selbst noch wahrzunehmen, und immer wieder den Bezug zur Realität verlieren. In weiterer Folge verletzen sie sich, um wenigstens durch den Schmerz einen Bezug zur Realität und zu ihrem „Ich" herzustellen.

Das „Ich" sollte in einer kompensatorischen Beziehung zum Selbst stehen, eine sogenannte Ich-Selbst-Achse bilden. Mit der zunehmenden Ausbildung dieser „Ich-Selbst-Achse" können sich allmählich die Selbstregulierungskräfte der Gesamtpsyche durchsetzen. Dadurch werden die Beziehungsmöglichkeiten zu den Mitmenschen und zur Umwelt verbessert, weil der Einzelne nicht mehr von seinen unbewussten Komplexen und Motivationen gesteuert wird.

6e Die vier Funktionen –
Harry, Ron, Hermine und Draco

Harry lernt während der Zugfahrt nach Hogwarts Ron Weasley, Hermine Granger sowie seinen Gegenspieler Draco Malfoy kennen.

Da ich nun schon an Hand von verschiedenen Figuren aus unserer Geschichte versucht habe, die innerpsychische Bedeutung der Geschichte von Harry Potter und dem Stein der Weisen zu erhellen, möchte ich nun auch zeigen, welche Bedeutung Harry, Ron, Hermine und Draco haben können:

C.G. Jung beschreibt in seinen Arbeiten vier psychologische Funktionstypen.
Diese Funktionstypen beschreibt er als Denkfunktion, Fühlfunktion, Empfindungsfunktion und Intuition, sowie zwei Einstellungstypen, die Extraversion und die Introversion.
Letztere bestimmen grundlegend unsere Einstellungsweisen und lenken unsere seelischen Energien (Libido) sowie unsere Lebensorientierung entweder auf die äußeren Objekte und die Realität (Extraversion) oder auf die subjektiven inneren Befindlichkeiten (Introversion).

Helmut Hark schreibt dazu (7):

Die vier psychologischen Funktionstypen verhelfen dem Menschen zur Orientierung in der Welt und in den zwischenmenschlichen Beziehungen. Dabei vermittelt das Denken die Erkenntnis, „was" die Erfahrungen oder Dinge bedeuten, und das Fühlen sagt, „wie" sie sind. Das Empfinden registriert durch die Sinnesempfindungen, „dass" bestimmte Tatsachen vorliegen, und die Intuition ahnt ihren Sinn, „wozu" sie gegeben sind.
Das Denken ermöglicht, die Vorstellungsinhalte und die vielfältigen Erfahrungen in einen begrifflichen Zusammenhang zu stellen. Das Fühlen ist eine wertende Funktion, die nach inneren Wertmaßstäben urteilt und bewertet. Das Empfinden beinhaltet alle Sinneswahrnehmungen und sinnlichen Empfindungen. Die Intuition ist ein Ahnungsvermögen, das die Fähigkeit verleiht, die Hintergründe bestimmter Situationen zu gewahren. Jeder Mensch hat nur eine sogenannte Hauptfunktion, die am besten entwickelt ist und hilfreich zur Lebensbewältigung zur Verfügung steht. Nach der paarweisen Zuordnung von Denken und Fühlen einerseits sowie Empfinden und Intuition andererseits ist damit die der Hauptfunktion gegenüberliegende Funktion die

inferiore, das heißt unentwickelte und überwiegend unbewusste. Diese gilt es, im Laufe des Lebens auf dem Wege der Individuation und Selbstverwirklichung zu entfalten. Dabei bildet das andere Funktionspaar jeweils die Hilfsfunktion.

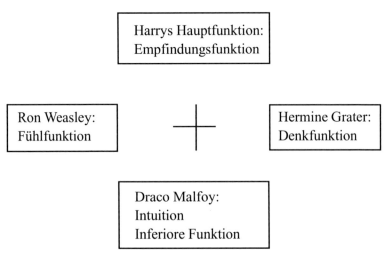

Wenn wir also Harry, seine Freunde und Draco aus der Sicht dieser Typologie betrachten, so heißt dies Folgendes:

Harrys Einstellungstypus ist der der Introversion. Das ist allein schon dadurch ersichtlich, mit welcher Selbstverständlichkeit er mit seinen inneren Bildern umgeht.

Weiters können Ron, Hermine und Draco auch als Anteile seiner selbst gesehen werden.

Im Sinne der Hauptfunktion von Harry, der Empfindungsfunktion, heißt es wörtlich im vorletzten Kapitel unserer Geschichte:

Er hat ein Talent dafür, Dinge zu sehen, die anderen verborgen bleiben.

Dies passt sehr gut zur Beschreibung der Empfindungsfunktion, nämlich des Erfassens von Sinneswahrnehmungen und sinnlichen Empfindungen.

Der Empfindungsfunktion gegenüber steht nun, wie in der Abbildung oben ersichtlich, die Intuition, die Draco Malfoy verkörpert.
Da die Intuition die inferiore oder unterentwickelte Funktion von Harry ist, ist es auch nicht verwunderlich, dass gleich bei der ersten Begegnung mit Draco, der diese inferiore Funktion verkörpert, diese Abneigung besteht.
Es verhält sich ja auch bei uns nicht viel anders, denn wir können mit unserer inferioren Funktion in der Regel nicht allzuviel anfangen.
Wie gesagt, die unterentwickelte Funktion können wir selbst dadurch erkennen, indem wir unsere Hauptfunktion erkennen. Wie in der Abbildung ersichtlich, ist die der Fühlfunktion gegenüberliegende die Denkfunktion und umgekehrt, so wie, wie bereits erwähnt, die Empfindungsfunktion der Intuition gegenüberliegt.
Dies ist deshalb von Belang, da wir im Laufe des Individuationsprozesses aufgefordert sind, neben den Hilfsfunktionen, in Harrys Fall also die Fühl- und die Denkfunktion, auch die inferiore Funktion zu integrieren bzw. zu entwickeln.

Sehr treffend ist in unserer Geschichte das Verhältnis von Denkfunktion und Fühlfunktion durch Hermine und Ron dargestellt.
Wie Harry mit Draco, so kann auch Ron mit Hermine zu Beginn herzlich wenig anfangen. Wie bereits angeführt, will Ron keinesfalls mit Hermine in das selbe Schulhaus kommen. Erst im Laufe des Schuljahres lernen die beiden, dass man doch einiges vom anderen lernen kann.
So wie Harry und Ron immer wieder von Hermine im Sinne der Denkfunktion profitieren, so verhält es sich auch umgekehrt.
Es stellt sich später heraus, dass Hermine keinen einzigen Freund oder Freundin hat. Durch das aufopfernde Verhalten von Harry und Ron im Kampf mit dem Troll lernt Hermine die Qualitäten von Harry und Ron erst richtig schätzen; ja, diese „Funktionen" retten ihr im wahrsten Sinne des Wortes das Leben.

Dies ist sehr eindrücklich im Buch „Harry Potter und die Kammer des Schreckens" nachzulesen. Dort erstarrt nämlich Hermine zu Eis und wird durch die Heldentaten von Ron und Harry gerettet. Dies kann jedoch auch bedeuten, dass eben eine zu einseitige Bewusstseinseinstellung, wie die von Hermine im Sinne der Denkfunktion, zu Erstarrung führt.

Das eben beschriebene Phänomen kann man sehr gut bei depressiven Menschen nachvollziehen:
Bei der Befragung dieser Menschen, was denn ihren größten Leidensdruck verursache, ist nicht, wie man meinen könnte, die gedrückte Stimmung das Hauptproblem. Vielmehr klagt der überwiegende Teil der depressiven Klientengruppe über das unaufhörliche „Nachdenken müssen" als Hauptbelastungsfaktor. Gleichzeitig sind diese Menschen jedoch nur sehr eingeschränkt des Fühlens und Wahrnehmens fähig.
So habe ich mir auch sagen lassen, dass die meisten Suizide von schwer depressiven Menschen zirka im April stattfinden. Der Grund ist möglicherweise der, dass die Natur aufblüht und sich viele Menschen darüber freuen.
Der depressive Mensch kann dies auf Grund seiner sehr eingeschränkten Empfindungsfunktion und Fühlfunktion kaum nachempfinden, da er fast ausschließlich von der einseitigen Denkfunktion beherrscht wird. Er erfriert förmlich daran wie Hermine. Dadurch, dass er dieses Freuen an der Natur nicht oder kaum nachvollziehen kann, fühlt er sich von der Welt abgetrennt und suizidiert sich.

Es ist daher für mich in meiner Arbeit mit depressiven Menschen das Mittel der Wahl, ihnen zu helfen, sich ihren Gefühlen und Empfindungen wieder anzunähern, an Ron und Harry sozusagen.

Wie schwer sich Menschen mit der Denkfunktion als Hauptfunktion im Aufbau von Beziehungen bzw. mit ihren eigenen Gefühlen tun, möchte ich an Hand einer Geschichte illustrieren. Diese Geschichte wurde neben anderen in Bezug auf das Enneagramm, eine Typologie, die ihren Ursprung bei den Sufis haben dürfte, geschrieben. In dieser Typologie wird ein Denktypus mit der Zahl Fünf beschrieben, und diesem ist die nun folgende Geschichte „Alle Theorien versagen vor der Liebe" zugeordnet (8):

*Hoch oben in der alten Eiche, bei der ersten Astgabelung links und dann immer geradeaus bis zur Spitze, lag die Wohnung der Eule Luise. Es war eine kleine Höhle im Baumstamm, gerade einmal so groß, dass eine einzige Eule – aber sonst auch keine mehr – hinein passte. Diese Größe war Luise genau recht. Denn so konnte sie allein bleiben und fühlte sich trotzdem von allen Seiten wunderbar geschützt – wie in einem Ei. Mit dem Unterschied natürlich, dass sie aus einem Ei keinen so herrlichen Überblick über den ganzen Wald hatte. Luise verließ ihre Wohnung nur, wenn es unbedingt notwendig war. Sie liebte es über alles, Tag und Nacht in ihrer Höhle zu sitzen und in den Wald hinunter zu schauen oder zu meditieren. Dabei konnte sie am besten ihren Gedanken freien Lauf lassen. Und wenn Luise ihren Gedanken freien Lauf ließ, dann kamen sehr ungewöhnliche Ergebnisse dabei heraus. So beschäftigte sie sich zum Beispiel zur Zeit damit, über den verborgenen Zusammenhang nachzudenken, der zwischen allen Dingen bestand. Alles, was sie beobachtete – Tiere und Pflanzen, Wassertropfen, Schneeflocken und die Gestirne des Himmels –, alles war von einer das ganze Leben durchziehenden Gesetzmäßigkeit bestimmt. Zu diesem Resultat war sie durch philosophische Überlegungen gekommen. Louise dachte schon sehr lange über dieses Thema nach. Und weil sie einen sehr scharfen Verstand besaß, hatte sie ihre Beobachtungen und ihre Erkenntnis auch schon zu einer geschlossenen Theorie ausgebaut: der reduktionistischen Kreishypothese. Es handelte sich dabei um eine sehr komplizierte Theorie – so kompliziert, dass ich sie hier gar nicht wiederholen kann. Aber ganz grob vereinfacht besagte sie etwa Folgendes: Alles Lebendige ließ sich, wenn man von seinen spezifischen Eigenarten absah, am Ende auf die geometrische Figur bzw. auf die physikalische Bewegung des Kreises zurückführen, und zwar unter organischem, sozialem und metaphysischem Gesichtspunkt.
Immer wenn Luise hinter den Beobachtungen, die sie machte, die reduktionistische Kreishypothese erkennen konnte, fühlte sie sich bestätigt. Denn dann hatte sie es geschafft, die beängstigende Vielfalt der Welt, in der sie lebte, auf einen einsichtigen und verständlichen Nenner zu bringen. Ihre Theorie hatte Luise auch zu einem Hobby verholfen, das sicherlich kein*

anderes Tier des Waldes mit ihr teilte: Sie sammelte alles, was kreisför-
mig war. Jeder Platz in ihrer Höhle, der nicht von ihr selbst ausgefüllt
wurde, war mit Kreisartigem vollgestellt: kreisrunde Blüten, Schnecken-
häuser, Scheiben von Ästen und Zweigen und vieles mehr. Für ihr Hobby
tat Louise alles. Sogar ihre Wohnung verließ sie ab und zu, um nach neu-
en Objekten zu suchen, mit denen sie ihre Sammlung vervollständigen
konnte.

So hatte sie es auch an diesem Abend vor. Schon saß sie auf dem Ast vor
ihrer Höhle und wollte gerade abfliegen – da fiel ihr Blick auf den gegen-
überliegenden Baum, und sie blieb wie erstarrt sitzen. Denn was sie sah,
ließ ihr Herz lauter und schneller klopfen: Auf einem Ast, der auf der
gleichen Höhe war wie ihre Wohnung, saß ein großer Waldkauz und schau-
te sie unverwandt an. Er hatte eine stattliche Figur, einen intelligenten
Blick, und seine Augen waren die vollkommensten Kreise, die sie jemals
gesehen hatte. Luise schaute fasziniert zurück. Ein seltsames Gefühl stieg
in ihr auf – ein Gefühl, wie es Luise bisher noch nicht gekannt hatte.
Offensichtlich handelte es sich hier um eine völlig neue Erfahrung. Et-
was unruhig rutschte sie auf ihrem Ast hin und her und beobachtete sich
dabei gleichzeitig wie von außen, um die Wirkung, die dieser Vogel auf
sie hatte, möglichst objektiv zu analysieren. Sie spürte ein angenehmes
Prickeln, und die Haut unter ihren Federn zog sich auf eine höchst anre-
gende Weise zusammen. Diese Symptome konnten nur auf die intellektu-
elle Herausforderung, die dort vor ihr verkörpert saß, zurückzuführen
sein. In Gedanken füllte Louise die Variable y mit den entsprechenden
Werten, rechnete die Formel aus und stellte fest, dass dieses Geschöpf die
interessanteste Bestätigung für die reduktionistische Kreishypothese war,
die sie jemals gesehen hatte. Der Waldkauz starrte immer noch zu ihr
herüber. Plötzlich breitete er seine Flügel aus und verließ seinen Baum.
„Er kommt hierher", durchzuckte es Louise, und fluchtartig flog sie fort,
um endlich nach neuen Objekten für ihre Sammlung zu suchen – was sie
ja sowieso die ganze Zeit vorgehabt hatte. Als sie später in der Nacht
zurückkam, war der Waldkauz nicht mehr da. Luise seufzte erleichtert.
Sie mochte es nicht, wenn andere Tiere ihr zu nahe kamen. Obwohl –
irgendwie hatte sie auch gehofft, den Waldkauz noch einmal wieder zu
sehen. Das war unlogisch. Warum war sie so unlogisch? Etwas verwirrt
ließ sich Luise in ihrer Höhle nieder, schloss die Augen und dachte inten-
siv darüber nach. Aber alle Theorien und Formeln, von denen sie bisher
gemeint hatte, dass sie das Leben erklärten, versagten vor diesem Pro-
blem. Luise war aufs Tiefste erschüttert. Noch nie war es ihr passiert,
dass etwas für sie ein Rätsel blieb. Und das Schlimme war: Bei diesem

Rätsel ging es ja nicht um irgend etwas Beliebiges, sondern sie verstand sich selbst nicht mehr. In den folgenden Tagen verließ Louise ihre Wohnung so oft wie noch nie zuvor. Sie sammelte Kreisförmiges, obwohl in ihrer Höhle kaum noch Platz dafür war, und jagte Mäuse, auch wenn sie gar keinen Hunger mehr hatte. Jede Ablenkung war ihr Recht. Nur nicht weiter darüber nachdenken! Denn so oft sie sich hinsetzte, um nachzudenken oder wie früher zu meditieren, stieg ein seltsames Gefühl in ihr auf, das sie noch gar nicht ausreichend analysiert hatte. Und dann kann der Tag, an dem der Waldkauz zurückkehrte. Eines Abends sah Luise ihn wieder auf seinem Ast auf dem gegenüberliegenden Baum sitzen. Er betrachtete mit großen Augen den aufgehenden Vollmond und sah irgendwie sehr einsam und sehr traurig aus. Da wurde Luise plötzlich klar, was es mit diesem Gefühl auf sich hatte: Sie war verliebt! Zuerst bekam sie einen großen Schreck und sie verkroch sich so weit wie möglich in ihrer Höhle. Aber nachdem der Kauz auch den nächsten und den übernächsten Abend, dann eine Woche und schließlich einen ganzen Monat lang jeden Abend auf dem Baum gesessen und traurig vor sich hin gesehen hatte, merkte Luise, dass sie nun etwas tun musste. Denn ihre Zuneigung zu ihm war immer stärker geworden. Deshalb gab sie sich einen Ruck. Sie verließ ihre Höhle, flog zum Waldkauz hinüber, setzte sich neben ihn und sagte: „Guten Abend!"

Ein Grund, warum ich diese ironische Geschichte vorlege, ist, zu zeigen und zu vermitteln, dass auch die Psychologie nicht immer so tierisch ernst genommen werden soll.

Humor ist für mich unter anderem die Kunst, nicht alles so wichtig zu nehmen, ohne am Wesentlichen vorbei zu gehen. Diesc humorvolle Relativierung, auch seiner selbst, wird im nächsten Kapitel von Albus Dumbledore recht eindrücklich dargestellt.

Doch zuvor der Vollständigkeit halber einige Worte zur Fühlfunktion:

Ron, als Repräsentant der Fühlfunktion, steht Harry in unserer Geschichte als sein bester Freund am nächsten. Es verhält sich bei den meisten Menschen so, dass eine Funktion die Hauptfunktion bildet, mit meist einer Hilfsfunktion, die noch relativ gut ausgebildet ist. Die zweite Hilfsfunktion hat in der Regel beim „Durchschnittsmenschen" untergeordnete Bedeutung.

Menschen, die die Fühlfunktion als Hauptfunktion haben, tun sich oft sehr schwer, sich selbst und ihre Umwelt rational, im Sinne der Denkfunktion, zu betrachten. Ich erlebe dies immer wieder in meiner therapeutischen Arbeit.

So verhält es sich bei Menschen, die die Fühlfunktion sehr überbetonen, oft so, dass sie zu allem und jedem ein Gefühl äußern können. Es fällt ihnen aber in Folge oft extrem schwer, dieses rational, im Sinne der Denkfunktion, einzuordnen.

Auf unserem Weg der Ganzwerdung ist es, wie bei Harry Potter und seinen Freunden sowie seinem Gegner Draco, auch bei uns selbst unabdingbar, im Sinne der psychologischen Typen eine gewisse Synthese und Entwicklung zu erreichen.

7 Der sprechende Hut

Ein sprechender Hut, den alle Neuankömmlinge aufsetzen müssen, teilt diese den verschiedenen Schulhäusern zu.

Ron Weasley, Hermine Granger und Harry Potter kommen in das Schulhaus Gryffindors.

Bevor das Festbankett beginnt, steht Albus Dumbledore auf, um einige Worte zu sagen: „Schwachkopf, Schwabbelspeck, Krimskrams, Quiek! Danke sehr!"

Harry fragt anschließend einen Vertrauensschüler unsicher: „Ist er verrückt?" Der Vertrauensschüler antwortet: „Er ist ein Genie! Der beste Zauberer der Welt! Aber ein bisschen verrückt ist er, ja."

Gegen Ende des Kapitels singen alle Schüler die Schulhymne. Diese lautet:

„Hogwarts, Hogwarts, warzenschweiniges Hogwarts, bring uns was Schönes bei, ob alt und kahl oder jung und albern, wir sehnen uns Wissen herbei. Denn noch sind unsere Köpfe leer, voll Luft und voll toter Fliegen, wir wollen nun alles erlernen, was du uns bisher hast verschwiegen. Gib dein Bestes – wir können's gebrauchen, unsere Köpfe, sie sollen rauchen."

7a Gryffindore –
Persönlichkeitsbildung durch Identifikation

In diesem Kapitel erfolgt also die Zuordnung der Schüler durch einen Hut.

Der Hut vermittelt auch noch in unserer Zeit eine Zugehörigkeit zu einem Berufsstand oder zu einer hierarchischen Ordnung, wie z.B. der Kardinalshut, die Mitra, oder auch die akademische Kopfbedeckung.

Man identifiziert sich in gewisser Weise damit, das heißt, er stiftet also ein Stück weit Identität.

Harry, Ron und Hermine werden durch diesen Hut ein und dem selben Schulhaus, nämlich Gryffindore, zugeordnet. Wenn wir nun bedenken, dass Harry elf Jahre alt ist, also mitten in der Pubertät steht, kann diese Zuordnung durch den Hut so interpretiert werden, dass dieses Gryffindore ein Symbol für die Identitätsbildung im Sinne des „Erwachsenwerdens" ist. Ron und Hermine sind, wie bereits erwähnt, die beiden Hilfsfunktionen von Harry. Man könnte dies auch so ausdrücken: „Alle unter einen Hut bringen", wie der Volksmund so schön sagt.

Das Stadium der Pubertät wird sehr eindrücklich angedeutet durch die Treppen in Hogwarts, die immer wieder ihre Richtung ändern, wodurch es die Schüler anfangs schwer haben, sich zu orientieren. So sind die Neuankömmlinge zu Beginn noch auf die bereits älteren Vertrauensschüler angewiesen, um den bzw. ihren Weg zu finden.

Diese Beschreibung trifft in der Regel auch auf die pubertierenden Jugendlichen zu. Auch sie werden von den verschiedensten Launen „umhergetrieben" und ändern, wie die Treppen von Hogwarts, immer wieder die Richtung. In dieser Zeit brauchen junge Menschen Personen, denen sie vertrauen und mit denen sie sich ein Stück weit auch identifizieren können, wie eben die Vertrauensschüler. Nun, und wie in unserer Geschichte sind dies in der Regel nicht die Eltern, denn von denen gilt es sich ja langsam abzulösen.

7b   Die Weisheit des Dumbledore

Wenn wir die Szene betrachten, in der sich Albus Dumbledore erhebt, um eine Rede zu halten, könnte man annehmen, dass dieser nun in weisen und bedächtigen, für die Schüler vorbildhaften Worten sprechen wird.

Doch was dieser von sich gibt, lässt beim ersten Hinsehen eher an seinem Verstand zweifeln. Dieser große Zauberer, dieses Symbol des Selbst, spricht mit den Worten:

Schwachkopf, Schwabbelspeck, Krimskrams, Quiek! Danke sehr!

Wir könnten eigentlich einer Meinung sein mit Harry, der den Vertrauensschüler fragt, ob Dumbledore nicht etwas verrückt sei. Nun, der Vertrauensschüler, also einer, der schon etwas mehr weiß, bestätigt dies im Grunde ja auch. Er fügt jedoch hinzu, dass Dumbledore der beste Zauberer der Welt und ein Genie ist.
Hier stellt sich natürlich die Frage: Wie ist das miteinander vereinbar?

Ich muss gestehen, dass dieser Abschnitt eine meiner Lieblingsstellen in diesem Buch ist. Hier wird Weisheit mit Verrücktheit in Verbindung gebracht.
Wenn wir die Weisheit, wie alles andere auch, aus der Sicht der Conjunctio, der Gegensatzvereinigung betrachten, so ist es geradezu unabdingbar, dass das Narrentum, die Verrücktheit, die andere Seite derselben Medaille, also der Weisheitsmedaille ist. Was ich damit meine, möchte ich an Hand einer Geschichte erläutern (1):

Die Geschichte, die ich in zusammengefasster Form anführen möchte, handelt von einem weisen, spirituellen Meister. Dieser hatte mittlerweile eine große Zahl an Jüngern und Schülern, sodass das Haus, das sie bewohnten, längst zu klein wurde. Der erste Schüler und engste Vertraute des Meisters fragte diesen: „Was sollen wir nur tun, das Haus platzt aus allen Nähten, wir haben überhaupt keinen Platz mehr!" „Wenn das deine größte Sorge ist", sprach der Meister, „das lässt sich, denke ich, schnell beheben."
Der Meister ließ daraufhin am nächsten Tag alle Schüler in der großen Versammlungshalle zusammen kommen.
Als alle Jünger und Schüler anwesend waren, betrat der Meister mit erhabenen Schritten die Bühne, die aufgebaut worden war.

Plötzlich begann der Meister wie wild zu schreien und zu fluchen, schlug Purzelbäume und schnitt wilde Grimassen.
Schon nach kurzer Zeit meinten die ersten Jünger und Schüler:
„Dieser Mann ist doch völlig verrückt und niemals ein Meister!"
Nach kurzer Zeit war die Versammlungshalle leer und alle Schüler und Jünger verschwunden. Allein der Meister mit seinem ersten Schüler war übriggeblieben.
Da sagte der Meister: „Na siehst du, jetzt haben wir doch Platz genug, oder?"

Was ich mit dieser Geschichte sagen will, ist, dass wahre Weisheit immer auch die Fähigkeit beinhalten muss, über sich selbst lachen zu können, sowie sich selbst nicht allzu wichtig zu nehmen.
Dass diese „närrischen Weisen" nicht nur in Weisheitsbüchern zu finden sind, kann man auch recht gut im Zeichentrickfilm „König der Löwen" beobachten, wo der Affe Rafiki diesen „närrischen Weisen" darstellt.

Es verhält sich auch mit der Schulhymne von Hogwarts, deren Text Dumbledore aus seinem Zauberstab in die Luft fliegen lässt, nicht anders.
Obwohl in dieser Schule tiefe Geheimnisse gelehrt und erfahren werden können, ist in dieser Hymne von Warzenschweinen und toten Fliegen im Kopf die Rede.
Es ist also quasi eine Grundhaltung in dieser Schule, einerseits nach Weisheit zu streben und doch andererseits nicht alles so tierisch ernst zu nehmen.

Ein gutes Beispiel dafür stellt Hagrid, bzw. Mercurius, dar. Wenn man diesen auf sich wirken lässt, so bekommt man immer wieder den Eindruck, dass er zwar um tiefe Geheimnisse und auch Weisheit weiß, aber doch immer eine gewisse Selbstironie durchscheinen lässt.

Ich denke, man sollte diese Haltung auch in Bezug auf und im Umgang mit dem Unbewussten anwenden. Eine Haltung, die gerade in der Psychologen- und Psychotherapeutenzunft oft alles andere als selbstverständlich ist.

8 Halloween

Harry wird in das Spiel des Quidditch eingeschult. In diesem Spiel gibt es eine kleine goldene Kugel, den so genannten Schnatz, den es zu fangen gilt. Am späten Abend dringt ein Troll in Hogwarts ein. Die Erste, die vom Troll bedroht wird, ist Hermine. Harry und Ron, die Hermine beistehen, strecken den Troll schließlich nach tapferem Kampf nieder.

8a Quidditch – Ein erster Ansatz von Conjunctio mit dem Weiblichen

Wenn wir die Szenerie des Quidditchspiels betrachten, so fällt auf, dass im Gegensatz zu den herkömmlichen Ballspielen, wie z.B. dem Fußballspiel, dieses Spiel auf fliegenden Besen ausgetragen wird.

Nun ist der fliegende Besen in erster Linie dadurch bekannt, dass er von Hexen benutzt wird.

Wie bereits beschrieben, ist das Hexenhafte in der Regel das Abgespaltene, das im kollektiven wie auch meist im persönlichen Bewusstsein keinen Platz haben darf und in weiterer Folge verdrängt wird, dem Unbewussten anheim fällt.

Bezeichnenderweise bekommt Harry seinen Besen, den Nimbus Zweitausend, von der Zauberin McGonagall, die bereits im Zusammenhang mit dem Mutterarchetyp erwähnt wurde.

Wenn wir das Wort „Nimbus" wörtlich übersetzen, so heißt es soviel wie ‚Heiligenschein' oder ‚Gloriole'. Nimbus bedeutet auch ‚göttliche Ausstrahlungskraft' und ‚von Heiligkeit ausgehende Strahlung'. Gelegentlich dient der Nimbus als ein Attribut des Phoenix, der solare Macht und Unsterblichkeit symbolisiert.

Wir sehen also, auch hier in dieser scheinbar unbedeutenden Passage ist das Thema der Gegensatzvereinigung präsent. So wird hier der Hexenbesen, der sonst ja in der Regel mit dem Teufel in Verbindung gebracht wird, plötzlich Nimbus genannt, also mit dem Heiligen und Göttlichen in Verbindung gebracht.

Der Nimbus war ursprünglich als Sonnenscheibe den Sonnengöttern, also dem Lichte des Bewusstseins zugeordnet. Dieser Nimbus Zweitausend, ein Geschenk des Mutterarchetyps, kann als Impuls der Vereinigung des Bewusstseins mit dem abgespaltenen Weiblich-Naturhaften verstanden werden.

Es verhält sich eben auch hier wie in dem bereits erwähnten Beispiel von Mozarts Zauberflöte, wo die Königin der Nacht, als Symbol des Mutterarchetyps, dem Helden die hilfreichen Instrumente zukommen lässt.

Es ist in unserer Geschichte auch nicht zu übersehen, dass das Weibliche, im Sinne der Anima – also des weiblichen Anteils im Mann –, nur eine bescheidene Nebenrolle einnimmt. Die beiden weiblichen Hauptfiguren, Professor McGonagall und Hermine Granger, wirken beide doch sehr intellektuell und „vergeistigt". Harrys Auseinandersetzung mit dem Mutterkomplex und seiner Anima können wir im Buch „Harry Potter und die Kammer des Schreckens" sehr eindrücklich mitverfolgen.

8b Quidditch –
Eine spielerische Annäherung an das Selbst

Ein wesentlicher Inhalt des Quidditchspiels ist, dass derjenige Spieler, der zuerst den Schnatz (die kleine goldene Kugel, die fliegt und sehr schwer zu fangen bzw. zu erreichen ist) fängt, das Spiel gewinnt.

Die goldene Kugel kann als ein Symbol des Selbst verstanden werden.

Die Kugel an sich ist schon ein Symbol der Vollkommenheit, der Seele, der anima mundi.

In der Alchemie gilt die Kugel mit einer Krone als Bild für den Stein der Weisen.

Dass der Schnatz auf das Selbst bezogen ist, wird auch im letzten Kapitel deutlich.

Dort sieht Harry, nachdem er aus seiner Ohnmacht erwacht, in die er nach seinem Kampf mit Voldemort gefallen ist, etwas Goldenes, von dem er annimmt, es sei ein Schnatz. Erst als er weiter zu Bewusstsein kommt, erkennt er das Goldene als die Brille von Albus Dumbledore.

Das Goldene erscheint Harry als Teil von Dumbledore bzw. des Selbst.

In der Alchemie ist das lebendige Gold das Ergebnis der Wechselwirkung zwischen Schwefel und Quecksilber – dem männlichen und dem weiblichen Prinzip.

Dies passt auch sehr gut zum oben beschriebenen Bild des Besen Nimbus zweitausend.

Es ist darum auch kein Zufall, dass gerade Hermine dem Troll als Erste begegnet.

Natürlich stellt sich die Frage, was dieser Troll eigentlich darstellt? Eine Bekannte von mir meinte: „Ein Troll ist im Grunde genommen nur Stammhirn mit ein paar Windungen rundherum." Das Stammhirn steuert die grundlegenden Lebensfunktionen, aber das war's dann auch. In diesem Sinne stellt der Troll also in gewisser Weise das wilde, naturhafte und völlig unreflektierte Leben dar. Man kann diese Auseinandersetzung in unserer Geschichte als ersten Versuch werten, sich mit dieser bereits mehrfach beschriebenen Naturhaftigkeit auseinanderzusetzen. Der Troll ist dem „Tier in uns" noch sehr nahe, er folgt fast ausschließlich seinen Instinkten. Es ist auch nicht zufällig, dass dieser Troll gerade von Professor Quirrell nach Hogwarts hereingelassen wurde, wie sich später herausstellt. Schließlich ist Quirrell mit Voldemort, der ihm auch die Befehle gibt, auf das Engste verbunden. Im Grunde sind der Troll, der Drache von Hagrid (auf den wir noch kurz zu sprechen kommen), der dreiköpfige Hund, die Schlingpflanzen und in gewisser Weise sogar das Schachspiel Anteile von Voldemort. Diese eben angeführten Bilder sind verschiedene Aspekte und Erscheinungsformen von ein und dem selben.

Denn das Ziel von Voldemort ist, wieder einen Körper, eine Gestalt zu bekommen. Dies bedeutet, bezogen auf unser eigenes Leben, dass er in die Persönlichkeit integriert sein will. Wie Hagrid und Dumbledore auch betonen: Voldemort kann nicht sterben oder getötet werden, denn ein Teil von ihm ist gar nicht menschlich, das heißt: Voldemort ist eben auch ein unsterblicher Archetyp.

Nun, die Erste, die ihm begegnet, ist Hermine. Wenn wir Hermine auf uns wirken lassen, so fällt einem sehr schnell ihr „neunmalkluges" Wesen auf.

Sie agiert bis zu diesem Treffen mit dem Troll fast ausschließlich mit der Denkfunktion, mit ihrem Intellekt.

Es verhält sich auch bei uns kaum anders:

Wenn sie an den jungen Mann zurückdenken, den ich im Zusammenhang mit dem Schatten beschrieben habe, so wird deutlich, was ich damit meine.

Dieser junge Mann agierte in seinem Leben ebenso fast ausschließlich mit der Denkfunktion. In seinen Träumen spielten sich dafür die wildesten Gewaltexzesse ab, die ihn immer weniger schlafen ließen.

Wenn wir nun bedenken, dass Hermine auch die weibliche Seite von Harry darstellt, ist es nur umso verständlicher, dass Harry diese Auseinandersetzung mit dem Troll auf sich nehmen muss.

Denn auch der Troll ist letzten Endes ein Teil seiner selbst.

Sich mit diesem inneren Troll nicht auseinanderzusetzen, würde bedeuten, dass Harry derselben emotionalen Verarmung des Lebens anheim fallen würde wie der eben erwähnte junge Mann.

Dass diese Auseinandersetzung keine einmalige Angelegenheit ist, wird spätestens im bereits mehrmals erwähnten Band „Harry Potter und die Kammer des Schreckens" klar. Dort erstarrt Hermine, verstanden als Harrys weibliche Seite, zu Eis.

Es ist eben eine Erfahrung, die jeder und jede, der oder die sich mit dem Unbewussten auseinandersetzt, macht, dass die Behandlung von gewissen Seelenanteilen meist keine einmalige Angelegenheit ist, sondern sich in mehreren Etappen vollzieht.
Man hat dann nicht selten das Gefühl, plötzlich wieder am Anfang zu stehen.

9 Der Spiegel Nerhegeb

Zu Weihnachten bekommt Harry von Hagrid eine hölzerne Flöte geschenkt; offenbar hat sie Hagrid selber geschnitzt. Außerdem bekommt Harry einen Umhang, der unsichtbar macht und der, wie sich herausstellt, von Harrys Vater ist. Später, als sich Harry den Umhang zunutze macht und unsichtbar in Hogwarts umherstreift, kommt er in einen Raum, wo ein Spiegel steht mit der Aufschrift:

„Nicht dein Antlitz, aber dein Herzbegehren"

In diesem Spiegel sieht Harry anfangs eine große Ansammlung von Menschen, was ihn im höchstem Maße erschreckt. Später erkennt er in dieser Menschenansammlung seine Eltern und merkt, dass all diese Menschen seine Familie, seine Ahnen sind. Er spürt bei diesem Anblick große Freude und großen Schmerz zugleich in sich.

Als Harry einige Zeit später wieder zum Spiegel geht, trifft er dort Albus Dumbledore. Dieser klärt Harry über die Funktionsweise des Spiegels auf.

Dumbledore meint wörtlich:

„Der glücklichste Mensch auf der Welt könnte diesen Spiegel wie einen ganz normalen Spiegel verwenden, er würde in den Spiegel schauen und sich genau so sehen, wie er ist. Allerdings gibt uns dieser Spiegel weder Wissen noch Wahrheit. Es gab Menschen, die vor dem Spiegel dahingeschmolzen sind, verzückt von dem, was sie sahen. Andere sind wahnsinnig geworden, weil sie nicht wussten, ob ihnen der Spiegel etwas Wirkliches oder aber auch nur etwas Mögliches zeigte. Es ist nicht gut, wenn wir nur unseren Träumen nachhängen und vergessen zu leben."

Dumbledore bittet Harry abschließend, nicht mehr nach dem Spiegel zu suchen.

9a Der Mantel –
Identität und Verbindung zum Männlichen

Harry bekommt in diesem Kapitel von Hagrid zu Weihnachten eine Flöte geschenkt. Dass diese Flöte für Harry von großem Nutzen ist, werde ich im vorletzten Kapitel noch etwas genauer erläutern.
Ich wende mich daher nun dem Geschenk zu, das Harry wahrscheinlich von Dumbledore bekommen hat und das sich als Erbstück von Harrys Vater herausstellt.
Der Mantel oder Umhang steht von der Symbolik her für Würde und Stellung einerseits und die Verkleidung, das „Sich zurückziehen" und Unbekannt bleiben andererseits.
Wie ich bereits im letzten Kapitel aufgezeigt habe, befindet sich Harry in der Pubertät. Die Pubertät ist, wie bereits erwähnt, die Zeit für die Ausbildung der eigenen Persönlichkeit und die Ablösung von den Eltern.
Dies ist, wie wir wohl alle aus eigener Erfahrung wissen, wahrlich keine leichte Aufgabe. Gilt es doch ein eigenes Bild von „Mannsein" oder „Frausein" zu entwickeln und die Eigenständigkeit gegenüber den Eltern zu erarbeiten und zu beweisen. Dies ist jedoch ein schwieriges Unterfangen, ist doch die Grundprägung der Vorstellung bzgl. des „Mann seins" oder „Frau seins" stark von den Eltern beeinflusst. Die schwierige Aufgabe lautet also, einerseits auf der Basis der elterlichen „Vorgaben" die eigene Identität als Mann oder Frau zu entwickeln und sich gleichzeitig von den realen Eltern abzulösen.

Diese ohnehin schon schwierige Aufgabe wird jedoch noch gewaltig erschwert, wenn einem die realen Elternvorbilder, wie bei Harry, gar nicht zur Verfügung stehen. Die Dursleys können in diesem Zusammenhang nur sehr bedingt „verwendet" werden, da sie Harry förmlich wegsperren, also er kaum das Gefühl einer Zugehörigkeit entwickeln kann.

Der Umhang seines Vaters ermöglicht Harry in gewissem Sinne, den Spiegel Nerhegeb zu finden. Dieser Umhang kann die Fähigkeit bedeuten, sich auf das Väterlich-Männliche, im Sinne des geistigen, forschenden Aspektes, einzulassen, ihn zu benutzen. Dieser Mantel gibt ihm die Möglichkeit, sich freier in Hogwarts zu bewegen, wobei Hogwarts als das Unbewusste verstanden werden kann. Die Haltung, die dieser Umhang verkörpert, führt ihn alsbald zum Spiegel Nerhegeb.

9b Der Spiegel Nerhegeb –
Anschluss an den Elternarchetyp

Ich muss gestehen, ich bin bei der Betrachtung dieser Szene immer wieder bewegt und ergriffen.
In diesen Bildern kommt eine derartige Weisheit und Wahrheit zum Ausdruck, die mich beeindruckt.
Dieser Spiegel zeigt Harry nicht sein Antlitz, sondern sein Herzbegehren.
Es ist nur zu verständlich, dass Harry Potter, der als Waisenkind unter vielen Anfeindungen der Dursleys zu leiden hatte, sich nichts sehnlicher wünscht als eine gute Familie und gute Eltern.
Was jedoch auffällt, ist, dass nicht nur seine Eltern erscheinen, sondern auch eine große Anzahl von Menschen, die Ähnlichkeiten mit ihm aufweisen.
Harry erkennt, dass all diese Menschen, die in diesem Spiegel zu sehen sind, seine Familie und seine Ahnen sind.
Man kann dies so interpretieren, dass diese Menschen, die hinter seinen Eltern zu sehen sind, den Elternarchetyp repräsentieren, der ja bekanntlich auch die Basis oder das Fundament ist, auf dem der persönliche Elternkomplex gründet.
Harry empfindet bei dieser Begegnung eine Mischung aus Freude und Schmerz.

Freude, da er endlich seine Eltern wieder gefunden hat, und Schmerz, dass er einerseits sich dieser Abwesenheit der Eltern in seinem bisherigem Leben bewusst wird und andererseits auch dieses Getrenntsein von den Eltern wahrnimmt.

Wenn wir diese Bilder aus der Sicht der Pubertät betrachten, erschließt sich uns daraus ein tiefer Sinn und eine tiefe Bedeutung. So meinte C.G. Jung einmal sinngemäß, dass eine Ablösung von den leiblichen Eltern nur dann gelingen kann, wenn eine Anbindung an die archetypischen Eltern zustande kommt.

Ich mache in meiner therapeutischen Arbeit immer wieder die Erfahrung, wie Menschen in der Phase dieser Ablösung stecken bleiben und in ihrem Leben schwer darunter leiden.

So höre ich von diesen Menschen früher oder später immer wieder den Wunsch, doch endlich von ihrer Mutter oder ihrem Vater bestätigt zu werden. Oft sind diese Menschen schon vierzig oder gar fünfzig Jahre alt und kommen nicht von dieser Illusion los, zuerst von den Eltern bestätigt werden zu müssen, um dann endlich gut und in Freiheit leben zu können. Oftmals ist ihnen diese Haltung nicht einmal bewusst, und das führt dann nicht selten dazu, dass diese Haltung auf den Partner projiziert wird, in der unbewussten Erwartung, dieser müsse nun diese Bestätigungsfunktion übernehmen. Dass dies auf Dauer nicht gut gehen kann, versteht sich von selbst, nur die Wurzel dieser Einstellung, nämlich die mangelhafte Ablösung, bleibt davon meist lange Zeit unberührt.

Genau das ist es ja auch, worauf Dumbledore hinweist. Wenn wir uns, wie Harry, nicht davon lösen können, quasi den elterlichen Segen zu erwarten, zu ersehnen, den so mancher von uns wegen einer allzu tristen Kindheit vermisst hat, so bleiben wir, wie Dumbledore sagt, gefangen und unser Leben fließt an uns vorbei. Wir bleiben gefangen in dem „Wahn", es den realen Eltern, oder aber auch den inneren Elternimagines, recht machen zu wollen bzw. zu müssen.

Deshalb besteht Dumbledore ja auch darauf, nicht mehr nach diesem Spiegel zu suchen, sondern von diesem Spiegel der Sehnsucht Abschied zu nehmen und in das Leben hinein zu gehen.

So freut sich Dumbledore später, nach dem gewonnenen Quidditchspiel über Harry, dass dieser sich entschlossen hat, ins Leben zurückzukehren.

Als Harry Dumbledore in der Verfilmung unserer Geschichte fragt, was dieser sehe, wenn er in den Spiegel hinein blickt, antwortet dieser:

„Ich sehe mich so, wie ich bin, mit einem Paar Wollsocken in der Hand, jeder schenkt mir Bücher, aber keiner denkt an meine Wollsocken!"

Dies drückt, so meine ich, wahre Freiheit und Weisheit aus: sich selber sehen können, ohne an Sehnsüchte aus Vergangenheit und Zukunft gebunden zu sein.

Sich selber genügen – mit einem Lächeln über sich selbst auf den Lippen –, wofür die Wollsocken zweifellos stehen können.

10 Der verbotene Wald

Die Zauberin McGonagall verurteilt Harry Potter, Hermine Granger, Neville Longbottom und Draco Malfoy zu einer Strafarbeit, da sie unerlaubt nachts den Turm der Sternwarte betreten haben. Sie müssen mit Hagrid um elf Uhr nachts in den verbotenen Wald gehen. Hagrid erklärt, dass ein Einhorn schwer verletzt worden sei, und dies gelte es nun zu suchen.

Hagrid meint wörtlich: *„In diesem Wald ist nichts, was euch etwas zu Leide tut, solange ich dabei bin."*

Später im Wald treffen sie auf einen Zentauren. Auf die Frage von Hagrid, ob er etwas Ungewöhnliches gesehen habe, meint der Zentaure: *„Der Mars scheint hell heute Nacht."*

In weiterer Folge trennen sich Harry, Draco und Hagrids Hund Fang von der Gruppe und stoßen in das Herz des Waldes vor. Dort beobachten die drei, wie eine vermummte Gestalt beginnt, das Blut des toten Einhorns zu trinken.

Als Draco mit Fang vor Schreck davon läuft, bleibt Harry allein zurück.

Das Wesen, das das Einhornblut getrunken hat, kommt auf Harry zu, der dabei einen fürchterlichen Schmerz in seiner Narbe und in seinem Kopf spürt.

Harry kommt jedoch ein Zentaure zu Hilfe, der die geheimnisvolle Gestalt vertreibt.

10a Der verbotene Wald – Im Reich der großen Mutter

Es geht also in den verbotenen Wald. Es verhält sich wie in vielen Märchen, dass genau im oder auch hinter dem Verbotenen das zu Erlösende oder auch ein Schatz oder Ähnliches zu finden ist. Auch die jungen Zauberlehrlinge werden eigenartigerweise zu einer Art Strafexpedition mit Hagrid in den verbotenen Wald geschickt. Professor McGonagall verdonnert sie dazu, da sie unerlaubterweise auf dem Turm der Sternwarte waren. Dass diese Sternwarte nicht rein zufällig vorkommt, sehen wir spätestens bei der Begegnung mit dem Zentauren, doch dazu später.

Der Wald, als Symbol für das Unbewusste, gehört zum Reich der Großen Mutter. McGonagall, die Repräsentantin dieser Großen Mutter, schickt also unsere Zauberlehrlinge in ihr eigenes Reich. Nun könnte man von einer Lehrerin annehmen, dass sie eine Strafarbeit nicht nur wegen der Strafe an sich anordnet, sondern, dass darin auch ein Sinn enthalten ist, und so ist es ja auch, wie wir später feststellen werden. Der Grund, in den verbotenen Wald zu gehen, ist nämlich nicht bloß, das verletzte Einhorn zu suchen, wie Hagrid meint.

Vielmehr kommt es bei dieser Suche zu einer Bearbeitung des Mütterlich-Weiblichen sowie des Gegensatzpaares männlich – weiblich. Betrachten wir nun die einzelnen Bilder etwas genauer:

10b Neville Longbottom –
Im Bann des negativen Mutterkomplexes

Bei diesem Gang in den Wald, noch dazu gegen Mitternacht, also in dem Zeitraum, wo die Geisterstunde nicht mehr fern ist, ist diesmal nicht Ron Weasley, sondern Neville Longbottom – wie es scheint: zufällig – dabei, weil er eben von McGonagall erwischt wurde.

Wenn ich diesen Neville beschreiben soll, so fällt auf, dass er viel Zeit damit verbringt, seine Kröte zu suchen, die er immer wieder verliert. Er ist ein sehr ,weicher' Junge, einer, der seine sieben Sachen kaum zusammen halten kann. Er bekommt daher auch von seiner Großmutter ein „Erinnere mich", eine Glaskugel, die sich rot färbt, wenn man etwas vergessen hat, geschenkt.

Wenn wir nun bedenken, dass auch dieser Neville Longbottom ein Aspekt von Harrys Persönlichkeit ist, wird es schon klarer, warum er in den Wald mit muss.

Neville ist also oft hinter seiner Kröte her. Die Kröte wurde früher häufig als guter Hausgeist und als Schatzhüterin gesehen, vor allem aber als Helferin bei Geburten. Seit der Antike stellte man sich die Gebärmutter häufig in der Gestalt einer Kröte vor. In der Alchemie stand die Kröte für die irdische Materie; so heißt es auch in der Alchemie:

Vereinige die Kröte der Erde mit dem fliegenden Adler, und du wirst in unserer Kunst die Meisterschaft sehen.

Nun, Neville ist sehr auf diese Kröte, als Symbol für das Mütterliche und Weibliche, bezogen. Er tut sich schwer, den Anfeindungen und Hänseleien von Draco standzuhalten.

Ich erlebe dieses Phänomen auch in meiner therapeutischen Arbeit immer wieder. Insbesondere Männer, die sehr stark unter dem Einfluss des Mutterkomplexes stehen, erscheinen mir wie dieser Neville Longbottom. Sie haben zwar einen sehr guten Zugang zu ihren Gefühlen, es fällt ihnen aber oft unglaublich schwer, diese auch einzuordnen und konkret zu werden. Ich wünsche mir für diese Menschen oft förmlich, wie für Neville, eine Art „Erinnere mich", die ja auch als Hilfe zur Strukturierung des eigenen Lebens verstanden werden kann. Dieses Strukturieren ist etwas, was Menschen mit einem übermächtigen, verschlingenden Mutterkomplex nur sehr schwer zu Stande bringen. Es bedarf der Auseinandersetzung mit dem Männlich-Triebhaften, was Neville ja auch in der Gestalt der Zentauren begegnet.

Dass er davon profitiert hat, zeigt sich alsbald, als er sich gegen seine Freunde stellt, um diese vor dem Abstieg durch die Falltür abzuhalten. Er wird am Schluss dafür sogar von Dumbledore vor allen Schülern für seinen Mut ausgezeichnet.

Ich möchte dieses „Neville-Syndrom" anhand eines Fallbeispiels skizzieren bzw. darlegen, wie eine gelungene Auseinandersetzung und Integration aussehen könnte:

Es handelt sich um einen jungen Mann, der große Probleme mit seiner Partnerin und dem Leben an sich hat, da er sowohl in der Beziehung als auch im Alltagsleben große Schwierigkeiten hat, Strukturen aufzubauen bzw. sich abzugrenzen. Alles ist stark mit Gefühlen behaftet, die dann analysiert werden müssen. Dieser Mann bringt schon in der zweiten Stunde folgenden Traum:

Ich bin mit meinem Freund zusammen, wir sind beide Soldaten. Unsere Gegner betäuben uns mit Betäubungsmunition und bringen uns dann in ihr Lager.
In diesem Lager findet eine Drill-Ausbildung statt, an der wir teilnehmen müssen.

Dieser junge Mann, der den Zivildienst absolviert hat und Harmonie einen sehr großen Stellenwert beimisst, wird also im Traum zum Soldaten – zum Krieger.
Man kann die Auseinandersetzung mit dem Traum als eine Art „in den verbotenen Wald gehen" im Sinne unserer Geschichte verstehen, denn der Wald steht ja, wie bereits erwähnt, für das Unbewusste.
Der Traum fordert also den jungen Mann auf, sich mit dem inneren Krieger in sich auseinanderzusetzen.
Diese Auseinandersetzung und Integration geschieht jedoch nicht nur durch bloßes Wahrnehmen der eigenen Gefühle, worin dieser Mann ja „Meister" ist.
Vielmehr sagt der Traum, dass eine Drillschule zu absolvieren ist.
Wer beim Militär war, weiß, dass Gefühle und intellektuelle Auseinandersetzung während dieses Drills keinen Platz haben.
Der Sinn des Drills beim Militär ist ja, den dem Menschen innewohnenden Fluchtreflexen bei Gefahr entgegenzuwirken. Wenn sich jeder Soldat kritisch über die Befehle seines Vorgesetzten und über

seine diesbezüglichen Gefühle äußern würde, wäre dies der sichere Untergang der ganzen Truppe im Kriegsfall.

Dies bedeutet also für diesen jungen Mann, ebenso wie für Neville, dass dieser kriegerische bzw Drillaspekt, im Sinne der Strukturierung des eigenen Lebens und der eigenen Persönlichkeit, unbedingt dazugehört.
Dieser Hinweis auf den kriegerischen Aspekt findet in unserer Geschichte alsbald ihre Entsprechung, nämlich durch die Antwort des Zentauren, dass der Mars heute besonders hell leuchtet. Dass der Mars der Gott des Krieges ist, dürfte allgemein bekannt sein, doch dazu später.

10c Die Begegnung mit den Zentauren

Bevor es zur Begegnung mit den Zentauren kommt, meint Hagrid, dass nichts in diesem Wald ihnen etwas zu Leide tun wird, wenn er dabei ist.
Ich meine, die Furcht unserer Zauberschüler ist nicht unbegründet. Der Umgang mit dem Unbewussten ist kein Kinderspiel und schon gar nicht ungefährlich. Wenn wir nur die Auswirkung einer Psychose betrachten, wo die Kräfte des Unbewussten einen Menschen oft völlig überwältigen, können wir ermessen, was diese „Lebewesen des Unbewussten" anrichten können.
Doch brauchen wir gar nicht das Extrem einer Psychose heranziehen. Es genügt schon, wenn wir uns mit einem Schattenaspekt unreflektiert identifizieren, wobei der Schatten ebenfalls dem Reich des Unbewussten zugehörig ist.
So schildert C.G. Jung eine Begebenheit aus seiner Praxis, wo ein Stofffabrikant während seiner Analyse gewisse künstlerische Fähigkeiten in sich entdeckte.

Doch anstatt diese künstlerischen Impulse, die aus seinem Unbewussten auftauchten, kritisch zu reflektieren, identifizierte sich dieser mit der Zeit völlig damit. Er entwarf selbst Stoffmuster und stellte seine Produktion völlig um.

Trotz mehrmaliger Warnung von Jung ließ sich dieser von seiner Identifikation mit seinem „Kunstschatten" nicht abbringen.

Das Ergebnis war, dass der Fabrikant nach einem Jahr Pleite machte.

Ich möchte mit dieser Begebenheit deutlich machen, dass wir uns an den Rat von Hagrid, dem Seelenführer halten und in seiner Nähe bleiben sollten, wenn wir uns mit dem Unbewussten befassen. In der Nähe bleiben in dem Sinne, dass wir alle auftauchenden Impulse annehmen, aber auch kritisch hinterfragen sollten.

Als Hagrid mit seiner kleinen Schar einem Zentauren begegnet, fragt er diesen, ob er etwas Außergewöhnliches bemerkt habe. Dieser meint jedoch nur, dass der Mars sehr hell leuchtet.

Zuerst einmal die grundsätzliche Frage: *„ Was bedeutet dieser Zentaur? "*

Im Lexikon der traditionellen Symbole steht zu lesen (1):

> Der Zentaur stellt die niedere Natur des Menschen dar. Er ist die tierische Natur in Verbindung mit seiner höheren menschlichen Tugend und Urteilskraft; die ungestümen und die sanften Aspekte der Natur und der Konflikt zwischen diesen Gegensätzen. Der Zentaur ist die Kombination von blinder Gewalt und leitendem Geist. Der Zentaur Cheiron oder Chiron personifizierte die Weisheit. Zuweilen begleiten Zentauren den Gott Dionysos.

Wenn wir diese Beschreibung auf uns wirken lassen, wird schnell klar, dass diese Suche im Wald nicht nur dem Einhorn gilt. Die Zentauren verkörpern ja schon sehr viel von dem, was ich in Bezug auf die Farbe grün erwähnt habe.

Arnold Böcklin (1827-1901): Kampf der Zentauren (2)

Diese Zentauren verkörpern in gewissem Sinne die Conjunctio von blinder tierischer Triebhaftigkeit und menschlicher Tugend, Urteilskraft und leitendem Geist.

Sie sind auch mit dem Einhorn verwandt, zumindest, was die Pferdenatur angeht.

Ich sehe dieses Gespräch mit dem Zentaur als Beziehungsaufnahme mit den Qualitäten, die er verkörpert. Denn auch der Zentaur ist ein Teil von Harrys Unbewusstem. Wie wir im Verlauf dieses Kapitels sehen können, rettet ihm diese Beziehung sogar das Leben, als es zur Begegnung mit Voldemort kommt. Man kann die Zentauren auch als bewusstseinsfähige Aspekte von Voldemort verstehen. Durch die Beziehung zu den Zentauren, im Sinne der Integration in das Bewusstsein, wird letzten Endes auch Voldemort viel von seiner eigenen Substanz und Autonomie entzogen.

Diese Zentauren sind schließlich auch im Grünen zu Hause, im Wald, wo eine eindeutige Parallele zu Voldemort sichtbar wird, den Harry immer wieder mit grün in Zusammenhang bringt.

Dass die Zentauren den tiefen Seelenanteilen – den Archetypen – nahe stehen, wird eben durch den Hinweis auf den leuchtenden Mars deutlich.

Wie bereits erwähnt, gilt der Mars als Gott des Krieges, was eben auch auf seine archetypischen Qualitäten verweist.
Man sollte sich nicht durch den Verweis auf einen Stern irritieren lassen.
Denn, wie die Alchemisten bereits wussten:

Nichts ist innen – nichts ist außen
Ist's nicht innen ist's nicht außen

So sind also Sternenbilder nichts anderes als Projektionen von seelischen Wirklichkeiten.
So gesehen macht auch der Besuch auf dem Turm der Sternwarte doppelt Sinn, denn, was macht man denn auf einer Sternwarte, wenn nicht nach den Sternen sehen? Dass der Mars so hell leuchtet, bedeutet also, dass dieser Archetyp konstelliert ist, was auch in der Szene von Voldemort, der das Einhorn getötet hat, deutlich wird.

10d Voldemort und das Einhorn

Auf ihrer Suche nach dem Einhorn trennen sich Harry, Draco und Fang, Hagrids Hund, von Hagrid und den Anderen.
Hier fällt auf, dass sich Harry gerade mit Draco, den er doch überhaupt nicht leiden kann, auf den Weg macht. Wenn man jedoch bedenkt, dass Draco Harrys Intuition darstellt, sieht die Sache schon anders aus. Dies bedeutet also, dass sich Harry auf seine Intuition einlassen muss, auch wenn diese seine inferiore Funktion ist. Bezeichnenderweise wünscht sich Draco den Hund von Hagrid. Der Hund symbolisiert oft die Instinktnatur des Menschen, die der Intuition bisweilen nicht unähnlich ist.
Dass Intuition und Instinkt oft sehr hilfreich beim Aufspüren von unbewussten Inhalten sind, ist unbestritten. Nun, wie gesagt, im Aufspüren, leider nicht unbedingt in der Auseinandersetzung mit

diesen Inhalten. Dies merkt Harry spätestens dann, als Draco und Fang bei der Begegnung mit Voldemort das Weite suchen.

Schließlich steht Harry Voldemort, der gerade das Einhornblut trinkt, gegenüber.
Das Einhorn gilt als Symbol der Keuschheit, Reinheit und Jung-fräulichkeit, ein Attribut der Jungfrau Maria. Es steht für das weib-liche Prinzip, so wie der Löwe für das männliche Prinzip steht. Da beim Einhorn die beiden Hörner vereint sind, symbolisiert es die Vereinigung der Gegensätze.
Wenn wir diese Attribute des Einhorns auf uns wirken lassen, ist es gar nicht verwunderlich, dass McGonagall, die Große Mutter, den Zauberschülern – die letzten Endes Anteile von Harry sind – den Weg in den Wald aufträgt.
Das weibliche Prinzip ist im höchsten Maße bedroht und in weite-rer Folge auch das seelische Gleichgewicht und die seelische Ge-sundheit.
Bedroht paradoxerweise vom grünen Voldemort, wo doch das Grü-ne auch ein Attribut des Mütterlich-Weiblichen ist.
Wenn wir nun bedenken, wodurch diese Boshaftigkeit des Voldemort bedingt ist, nämlich durch seine Verdrängung, sehen wir schon et-was klarer.
Nur stellt sich nun die Frage: „Verdrängt, warum und wodurch?"
Die Antwort finden wir eben, so meine ich, durch den Hinweis des Zentauren.
„Der Mars scheint so hell" bedeutet, dass dieser Archetyp eine gro-ße Strahlkraft – eine große Wirkkraft – aufweist, die das weibliche Prinzip im Sinne des Nährenden, Behütenden, eben des Weibli-chen und Mütterlichen schlechthin, wozu auch der Körper und des-sen Empfindungen gehören, beeinträchtigt.

Ich bin davon überzeugt, dass hier nicht nur die innere Problematik des Harry Potter bzw. dessen Schöpferin Mrs. Rowling gemeint ist, sondern, dass hier auch die Seelenproblematik des Kollektivs – also wir alle – dargestellt wird.

Wenn wir unser Leben und das System betrachten, in dem wir leben, so fällt doch zweifellos auf, dass wir weitgehend durch das Wirtschaftssystem bestimmt sind, in unserem Fall des Kapitalismus, oder mittlerweile sogar des Turbokapitalismus. Die Basis des Kapitalismus ist der freie Wettbewerb oder auch Wettkampf. Diesem Grunddogma des freien Wettkampfes im Sinne des Wirtschaftswachstums wird unhinterfragt immer mehr untergeordnet.
Nun, der Gott des Kampfes ist, wie wir gehört haben, Mars.
Im Sinne der Archetypenlehre würde dies bedeuten, dass der Archetyp des Mars das weibliche Prinzip dahingehend beeinträchtigt, dass alles diesem „Gott" unterzuordnen ist.
So wird es mittlerweile als Maxime für die Frau postuliert, ihre Karriere zu entwickeln, bei jedoch vielfach extrem familien- und kinderfeindlichen Bedingungen in den Unternehmen. Ich möchte nicht den Eindruck erwecken, ich sei gegen die Berufstätigkeit der Frau. Ich meine damit, dass es in höchstem Maße unklug ist, ein System, das auf Kampf basiert, unhinterfragt als alleinig mögliche Grundlage zu sehen. Im Sinne der Conjunctio, der Vereinigung der Gegensätze, wäre es doch sinnvoll, nach dem „Gegenstück" des Mars zu suchen, um das Gleichgewicht wieder herzustellen.
In der Mythologie ist dieses „Gegenstück" – dieser Gegensatz – die Göttin Aphrodite, die Göttin der Liebe. Bezeichnenderweise gelten als Kinder dieser beiden Eros und Harmonia. Eros ist unter anderem der Gott der Lebensfreude und auch der Bezogenheit, was durch seinen Bogen und seine Pfeile angedeutet wird. Wenn wir unsere Gesellschaft betrachten, so ist ein wesentliches Problem die zunehmende Vereinsamung des Individuums. In vielen Städten liegt die Prozentrate der Singlehaushalte bereits über fünfzig Prozent. Weiters wird mittlerweile jede dritte Ehe geschieden.

Margarete Leibig (3) behauptete im Rahmen eines Vortrags in Lindau, dass es einen Bindungsarchetyp gibt. Ebenso wichtig erachte ich jedoch die Frage, warum dieser Bindungsarchetyp derzeit anscheinend eine so geringe Wirkkraft hat?

Auch hier kann uns die Aussage des Zentauren ein Stück weit Antwort geben.

Wenn der Mars so hell leuchtet, also eine starke Wirkkraft auf der archetypischen Ebene aufweist, so wirkt sich dies zweifellos auch auf unsere Beziehungen und unsere Beziehungsfähigkeit aus. Betrachten wir doch nur den Mars in den Mythen: Die mehr oder weniger einzigen Beziehungsformen, die der Mars bzw. Ares kennt, sind die der Konfrontation, der Auseinandersetzung und des Kampfes.

Dass diese Beeinträchtigung des weiblichen Prinzips nicht nur die Frauen betrifft, versteht sich von selbst. So klagen ja auch immer mehr Männer, dass sie diesem Wettkampf nicht mehr standhalten können.

Dies stellt im Übrigen nur einen Auswuchs dieses einseitigen Systems sowie auch der einseitigen kollektiven Bewusstseinshaltung dar.

Sie können also erkennen, dass der Archetypus der Liebe, der durch Aphrodite oder auch Venus verkörpert wird, zur Kompensation – nicht als Ersatz – dringend erforderlich erscheint, um in weiterer Folge den Eros, im Sinne der Lebensfreude, sowie Harmonia, als Archetyp des Ausgleichs, manifest werden zu lassen. Wie dies vonstatten gehen kann, werde ich im letzten Kapitel erläutern.

Il Guercino (1591-1901): Venus, Mars und Eros (4)

11 Durch die Falltür

Nach dem Erlebnis im Wald haben sich die Albträume von Harry verschlimmert. Voldemort erscheint nun in diesen Albträumen in blutverschmierter Gestalt und in grünem Licht. Auch die Narbe von Harry schmerzt zusehends mehr. Als Harry später mit Hermine und Ron den Raum mit der Falltür betritt, den Fluffy, der dreiköpfige Hund bewacht, sehen sie, dass dieser schon eingeschlafen ist. Eine Zauberharfe, die von selbst spielt, hat ihn eingeschläfert. Als Fluffy aufwacht, nachdem die Harfe zu spielen aufgehört hat, spielt Harry ein Schlaflied, woraufhin Fluffy wieder in Schlaf versinkt.

Das erste Hindernis, das Harry und seinen Freunden nach dem Abstieg durch die Falltür begegnet, ist eine grüne Pflanze, die Harry, Hermine und Ron umklammert. Hermine befreit alle drei, indem sie Flammen zaubert, worauf sich die Pflanze zurückzieht.

Das nächste Hindernis stellt sich in Form einer verschlossenen Tür dar, vor der zahllose Schlüssel umherfliegen. Harry kann jedoch den passenden Schlüssel einfangen.

Im nächsten Raum steht ein riesengroßes Schachbrett mit lebenden Figuren.

Harry und seine Freunde müssen sich durch den Raum spielen.

Gegen Ende der Schachpartie kommt Ron zur Erkenntnis, dass er geschlagen werden muss, damit Harry vorankommen kann. Durch diese Opfertat gewinnen sie das Schachspiel, wobei Ron, der von der gegnerischen Königin niedergeschlagen wurde, bewusstlos zurückbleibt.

Im nächsten Raum finden Harry und Hermine einen Troll, der jedoch schon niedergestreckt wurde.

Im darauffolgenden Raum sind verschiedene Flaschen mit Zaubertränken, von denen nur ein Zaubertrank das Weiterkommen ermöglicht, da vor der nächsten Tür eine Flammenwand lodert.

Hermine löst diese Aufgabe mit ihrer Denkfunktion.

11a Zerberus – alias Fluffy

Nach der Begegnung mit Voldemort im verbotenen Wald haben sich also die Albträume und die Schmerzen in Harrys Narbe verschlimmert. Durch diese bewusste Begegnung ist Harrys Problem noch drängender geworden.

Diesbezüglich ist auch Harrys Narbe zu verstehen, die ihn, wie den verwundeten Heiler, immer wieder in Bewegung hält und auch die Verbindung zu Voldemort verkörpert. Dieser ist also in gewisser Weise auch sein Schicksal, sein Daimon, der die folgenden Ereignisse nach sich zieht.

Als Harry und seine Freunde den Raum mit der Falltür betreten, werden sie mit dem dreiköpfigen Hund Fluffy konfrontiert. Dieser stellt zweifellos Zerberus den Höllenhund dar, der den Eingang des Hades bewacht.

Fluffy oder Zerberus kann als eine höchst wichtige Instanz der menschlichen Psyche gesehen werden. Er ist es, der die Grenze der Oberwelt, im Sinne des Bewusstseins, und der Unterwelt, im Sinne des Unbewussten, „bewacht".

So achtet er in der griechischen Mythologie darauf, die Toten in die Unterwelt zu geleiten, sowie darauf, dass diese nicht mehr heraufkommen können. Weiters verwehrt er den Lebenden den Zugang in die Unterwelt.

In Bezug auf die Psyche heißt dies, dass Zerberus eine Art „Mechanismus" der Psyche darstellt, die verhindert, dass sich Ober- und Unterwelt, also Bewusstsein und Unbewusstes, vermischen. Welch katastrophale Folgen es hat, wenn dieser Zerberus oder Fluffy zu schwach ausgebildet ist, kann man sehr eindrücklich bei Menschen mit einer Psychose beobachten.

Dort kommt es eben zu dieser „Überflutung" der Oberwelt, verstanden als Bewusstsein, von Inhalten der Unterwelt, als Bild des Unbewussten.

Was hat es nun mit dem Einschläfern des Zerberus auf sich?

Harry gelingt dies mit der Flöte, die er von Hagrid bekommen hat. Wie auch Mercurius oder Hermes, der den hundertäugigen Argus mit seiner Flöte einschläfert, wodurch eine weitere Parallele zwischen Hagrid und Mercurius sichtbar wird.

Als Vorbild für Harry könnte hier Orpheus stehen, der auf seiner Suche nach Euridike, seiner Frau, ins Totenreich eindringt und durch seinen Gesang Zerberus besänftigt.

Die Flöte des Hagrid ist also eine Art Hilfsmittel, um diesen „Mechanismus" des Zerberus abzuschwächen, um in das jenseitige Reich, also durch die Falltür, zu gelangen.

Diese Hilfsmittel können z.B. Meditationsmusik oder Mantra-Übungen sein, aber auch psychotrope Substanzen wie Opium, wobei hier die Folgeschäden beträchtlich sein können.

Im Grunde genommen kann z.B. Meditation als eine Art „Hagrid-Flöte" verstanden werden, die dazu dient, an Fluffy oder Zerberus vorbei hinabzusteigen. Hinabzusteigen in die jenseitige Welt; die Welt des Unbewussten.

11b Die vier Aufgaben – Tipps zur Neurosenbehandlung

Die erste von vier Aufgaben, die es zu lösen bzw. zu überwinden gilt, ist eine grüne Schlingpflanze. Eigentlich wären es fünf Aufgaben, doch der Troll ist schon besiegt. Nun, dies trifft auch zu, da unsere Helden diese Auseinandersetzung bereits im Vorfeld erledigt haben, als ein Troll Hermine bedrohte.

Ich deute dies so, dass eben der Trollaspekt bereits ins Bewusstsein integriert wurde.

Was können nun diese Aufgaben für unser eigenes Leben bedeuten?
Im Folgenden werde ich versuchen, den Sinn dieser Aufgaben durch das Beispiel einer Zwangsneurose zu verdeutlichen bzw., was dies für unser eigenes Leben bedeuten könnte:

11b.1   Bring es ans Licht

Die erste Aufgabe handelt von einer Schlingpflanze.
Sehen wir diese Schlingpflanze nun einmal als Symptom einer Zwangsneurose, z.B. eines Waschzwanges.
Der erste Schritt zur Behandlung einer Neurose besteht bekanntlich darin, dass ich diese Neurose, in unserem Fall also den Waschzwang, als Problem erkenne.
Erst wenn genügend „Leidensdruck" vorhanden ist, setzt sich dieser Mensch möglicherweise in Bewegung, um etwas zu verändern.
In unserer Geschichte verhält es sich nicht anders. Die Schlingpflanze engt den Bewegungsspielraum von Harry und seinen Freunden immer mehr ein.
Ähnlich ergeht es oft auch Menschen mit einem Waschzwang. Sie verbringen immer mehr Zeit damit, sich zu waschen, und nehmen oft sogar schlimme Hautirritationen in Kauf.
Harry und seine Freunde sind anfangs recht froh, dass sie beim Sprung durch die Falltür so weich auf die Pflanze fallen, die sie zuerst gar nicht wahrnehmen.
Diese „Schmerzvermeidung" vollzieht auch der Neurotiker.
Indem er seine Neurose hat, braucht er sich oft lange Zeit nicht mit dem Problem, das hinter der Neurose steht, zu beschäftigen. Erst wenn der Lebensspielraum durch die Neurose, oder in unserem Falle durch die Schlingpflanze, immer enger wird, wird man zum Handeln, im Sinne der Neurosenbearbeitung, gezwungen.

Der erste Schritt dieser Bearbeitung ist, dass ich mir meiner Neurose, in unserem Beispiel des Waschzwanges, bewusst werde.
Das heißt, um mit den Bildern aus unserer Geschichte zu sprechen, ich muss es ans Licht bringen, ans Licht des Bewusstseins. Hermine, als Repräsentantin der Denkfunktion, der Ratio, zaubert dieses Licht in Form von Feuer herbei, und siehe da, die Pflanze zieht sich zurück. Das heißt aber nicht, genau wie bei der Neurose, dass sie dadurch auch schon verschwindet, denn, wie bereits erwähnt, sagt uns die Denkfunktion nur, was es ist, nämlich eine neurotische Fehlhaltung.

Es ist ein erster Schritt, ich kann mich aber dadurch von der Schlingpflanze, wie auch von der Neurose, ein Stück weit distanzieren. Ich bin nicht mehr völlig damit identifiziert oder eingeschnürt, um mit dem Bild der Schlingpflanze zu sprechen. Ich bekomme dadurch die Möglichkeit, die Neurose von „außen" zu betrachten, und kann nun, wie in unserer Geschichte, den nächsten Schritt tun.

Den nächsten Schritt in Richtung Heilung, und in Richtung des Steins der Weisen, der das Wasser des Lebens hervorbringt.

Natürlich darf auch der „Grün-Aspekt", der sich durch die Pflanze zeigt, nicht übersehen werden. Dadurch können wir schon die Verbindung mit Voldemort, dem „Grünen", erahnen. Die grüne Pflanze als Bild für das Naturhafte, mit dem es sich wieder auseinanderzusetzen gilt. Auch die Neurose, verstanden als einseitige Bewusstseinshaltung, kann als „Verstoß gegen die Natur" gewertet werden. Man könnte also auch sagen: „Durch jede allzu einseitige Haltung wird ein Voldemort „provoziert"."

11b.2   Finde den Schlüssel

Die zweite Aufgabe besteht darin, den richtigen Schlüssel zu finden.

Harry, Ron und Hermine beobachten eine gewisse Zeit die fliegenden Schlüssel, bis Harry einen Schlüssel entdeckt, bei dem ein Flügel geknickt oder verletzt ist.

Ich bin immer wieder begeistert von der Bildersprache dieser Geschichte, die so trefflich die Situation und Problematik beschreibt. Es gibt auch in der Umgangssprache den Ausdruck: „Das ist der Schlüssel für dieses Problem."
Wenn ich dieses Bild des Schlüssels, dessen Flügel gebrochen ist, auf unser Beispiel der Zwangsneurose beziehe, so heißt dies, dass ich Ursachenforschung betreiben soll. Ich muss also nach einem Schlüssel, im Sinne einer Auflösung der neurotischen Symptomatik, Ausschau halten, die mit einer Verletzung in Zusammenhang steht. Hier ist die Empfindungs- oder auch Wahrnehmungsfunktion gefragt. Bezeichnenderweise ist es auch Harry, dessen Hauptfunktion die Empfindungsfunktion ist, der diesen Schlüssel entdeckt.
Auch bei der Bearbeitung der Neurose lässt sich meist eine seelische Verletzung auffinden. Eben diese Verletzung ist es oft auch, die die neurotische Verhaltensweise hervorruft.
Wenn ich also diese Verletzung, diesen verletzten Schlüssel finde, ist ein weiterer wesentlicher Schritt in Richtung Heilung und Ganzwerdung getan.
Im Sinne unserer Geschichte heißt diese Verletzung: „Unterdrückung des Naturhaften", zu dem neben der Beziehung zum Unbewussten auch das „Mütterlich-Weibliche" sowie auch die „Verwobenheit von Leib und Seele" gehört.
Ich meine, es greift zu kurz, die Vielzahl der neu auftretenden Allergien und psychosomatischen Erkrankungen allein durch chemische Noxen und sonstige äußere Faktoren zu erklären. Ich habe diese einseitige Haltung lange Zeit in meiner Arbeit, im schulmedizinischen Bereich, erlebt. Diese Aufspaltung von Körper und Psyche erweist sich für die Schulmedizin immer mehr als „Bumerang".

Immer mehr Menschen suchen neben Homöopathie, chinesischer Medizin und Ähnlichem auch bei den obskursten Praktiken und Scharlatanen ihr Heil.
Ich glaube daher, dass es höchst an der Zeit wäre, sich mit diesem einseitigen Menschenbild auseinanderzusetzen.

So habe ich erst vor kurzem in einem seriösen Wissenschaftsjournal einen Artikel gelesen, in dem darüber berichtet wurde, dass ein Hirnareal lokalisiert wurde, das für Spiritualität zuständig sei. In diesem Bericht wurde dann doch wirklich ernsthaft die These vertreten, dass man dadurch vielleicht in Zukunft Atheismus behandeln könne.
Es herrscht immer noch ein sehr mechanistisches Weltbild vor, wie zu Zeiten Freuds. Man glaubt insbesondere im „westlichen Kulturkreis" immer noch sehr stark daran, dass der Mensch wie eine Maschine „repariert" werden könne.

11b.3   Die bewusste Auseinandersetzung

Die dritte Aufgabe besteht darin, mit lebenden Figuren eine Schachpartie zu spielen. Es ist das Schachspiel von Professor McGonagall. Das Schachspiel kann als Symbol des Kampfes der Gegensätze, wie z.B. männlich – weiblich, Tod – Leben, hell – dunkel, gut – böse oder auch Himmel und Erde gesehen werden.
Das Motiv des Schachspiels gegen einen unsichtbaren Gegner finden wir auch in der Gralslegende.
Ich möchte diese Szene, die im Buch von Emma Jung und Marie Louise von Franz beschrieben und gedeutet wird, kurz zusammenfassen (1):

Perceval bindet in einem Schloss sein Pferd an und lehnt seinen Schild an die Mauer. Er tritt in die Halle und findet dort ein Schachbrett mit kostbaren Figuren. Perceval setzt sich und tut einen Zug, worauf die Figuren der Gegenseite ebenfalls von selber zu spielen beginnen und ihn nach kurzer Zeit matt setzen. Darauf stellen sie sich von selbst wieder auf, und das Spiel beginnt von Neuem, mit demselben Resultat. So wird er dreimal hintereinander mattgesetzt. Wütend darüber will Perceval die Figuren aus dem Fenster in das darunter liegende Wasser werfen. Da taucht plötzlich ein Fräulein aus dem Wasser, das ihn davon abhält. Sie trägt ein rotes, mit Sternen verziertes Kleid.

Als Perceval ihr verspricht, die Figuren nicht ins Wasser zu werfen, lässt sie sich von ihm zum Fenster hereinheben, worauf ihm gar sonderbar ums Herz wird und er sie küsst.

Vergleichen wir zunächst diesen Abschnitt mit unserer Geschichte: Perceval bindet zuerst sein Pferd an und lehnt seinen Schild an die Mauer.

Diese „Anbindung der Pferdnatur", also des tierisch-triebhaften Aspektes, hat Harry in der Begegnung mit den Zentauren vollzogen, das heißt, er ist sich dieser wilden, naturhaften „Pferdanteile" in sich selbst bewusst geworden, was ihn auch vor dem „Überwältigt werden" von Voldemort bewahrt.

Den Schild an die Mauer lehnen bedeutet, sich ungeschützt, also ohne das „Instrument" der Abwehr, im Sinne der psychischen Abwehrmechanismen, der Situation zu stellen.

Auch hier ist die Parallele zu unserer Geschichte unübersehbar. Ron, verstanden als Fühlfunktion von Harry, kommt zur Überzeugung, dass diese Schachpartie nur gewonnen werden kann, wenn er sich ganz darauf einlässt, ja sich sogar opfert.

Hier zeigt sich auch die Überlegenheit von Ron, verstanden als Teil von Harrys Persönlichkeit. Diese gefühlsmäßige und emotionale Bereitschaft, sich einzulassen, ja sich sogar zu opfern, fehlt Perceval in dieser Situation.

Er ist noch zu sehr von seinen Affekten beherrscht. Doch die Frau aus dem Wasser mit dem roten Sternenkleid hindert ihn daran. Diese Frau kann als Anima des Perceval verstanden werden. Die Anima ist ein Bild für die weibliche Seite des Mannes, sowie für die Seele an sich. Diese Herstellung von Beziehung zur Anima ist es auch, die Perceval so sonderbar ums Herz werden lässt. Er tritt in Beziehung zu seiner eigenen Gefühlsseite, wie auch zu seiner Seele an sich. Ich gehe hier nur am Rande auf diese Animathematik ein, da dies im Band „Harry Potter und die Kammer des Schreckens" wesentlich ausführlicher und eindrücklicher dargestellt wird und die Animathematik den Rahmen dieser Arbeit sprengen würde.

Der Grund, warum ich die Gralslegende anführe, ist, dass die Suche nach dem heiligen Gral das Selbe meint wie die Suche nach dem Stein der Weisen:

„Erkenne dich selbst."

Was heißt nun dieses Schachspiel für den Zwangsneurotiker sowie für unsere eigenen Neurosen?

Nachdem wir den Schlüssel, also die Verletzung, gefunden haben, heißt es nun, wie im Schachspiel unserer Geschichte, sich auf diese Verletzung auch gefühlsmäßig und emotional einzulassen. Es genügt nicht, nach dem Erkennen der Neurose, im Sinne der grünen Schlingpflanze, sowie dem Auffinden der Verletzung, die hinter der Neurose steht, im Sinne des Schlüssels mit dem gebrochenen Flügel, stehen zu bleiben. Wie das Schachspiel mit den lebenden Figuren vortrefflich zeigt, müssen wir uns mit diesen Verletzungen nun auseinandersetzen, auch wenn das, wie im Fall von Ron, eine sehr schmerzhafte Angelegenheit bedeuten kann. Er wird von der gegnerischen Königin so hart geschlagen, dass er das Bewusstsein verliert.

Auch am Bild der Schachkönigin wird klar, dass dies wiederum eine Station ist, sich mit dem Weiblichen, im Sinne der Anima, auseinander- bzw. in Beziehung zu setzen. So verhält es sich auch beim Gralsmythos, wo die Frau aus dem Wasser ein Kleid mit Sternen trägt. Dieses Bild der Sternenfrau begegnet uns auch in der Apokalypse als Symbol der Großen Mutter. Auch die Königin der Nacht, ebenfalls ein Muttersymbol, trägt ein solches Sternenkleid.

Der wesentliche Kern dieses Schachspielmotivs ist das gefühlsmäßige Engagement, ja ein Stück weit auch die Liebe. Eine Liebe zum Freund, die diesem ermöglicht, auf seinem Weg voran zu kommen.

Auf uns gemünzt heißt dies, dass wir selbst durch dieses Opfer der gefühlsmäßigen Auseinandersetzung mit unseren Verwundungen uns den Weg öffnen können. Wir kommen dadurch wieder ein Stück voran auf unserer Suche. Auf unserer Suche nach dem eigenen Stein der Weisen.

11b.4 Gift oder Medizin

Die vierte Aufgabe ist gekennzeichnet durch viele Flaschen mit Zaubertränken, wobei nur einer das Vorankommen ermöglicht. Hermine, verstanden als Harrys Denkfunktion, ist es, die Harry hilft, diese Aufgabe zu lösen.

Es gilt also mit Hilfe der Denkfunktion dieses Problem zu bearbeiten, um durch die Feuerwand hindurch zu kommen.

Was bedeutet nun diese Feuerwand?

Wenn wir die Feuerwand aus dem Blickwinkel der Neurosenbearbeitung betrachten, sehen wir möglicherweise klarer. Nehmen wir das Beispiel des Zwangsneurotikers. Hier stellt sich die Frage: „Wie geht es nun weiter, wenn diese Verletzung, dieser schmerzhafte Konflikt, der hinter der Neurose steht, bearbeitet wurde? Wie gestalte ich mein Leben mit diesen Erkenntnissen und Erfahrungen?"

Die Verhaltenstherapie z.B. versucht an Hand von kleinen Schritten und Übungen, das alte Verhaltens- und Denkmuster durch ein Neues zu ersetzen.

Das würde für unseren „Waschzwang-Neurotiker" heißen, dass er sich statt zwanzigmal nur mehr fünfzehnmal pro Tag die Hände wäscht, dann zehnmal, fünfmal … Dieses strukturierte Herangehen im Sinne der Denkfunktion hat den Zweck, dass ich dadurch lernen kann, mich Stück für Stück unempfindlicher und autonomer gegenüber diesem „Feuer der Angst", als Bild für die Neurose, zu machen.

Man könnte also diesen Zaubertrank, der Harry unbeschadet durch die Feuerwand gehen lässt, im Sinne dieser neuen Verhaltens- und Denkmuster sehen.

Es ist auch uns, so denke ich, diese Angst vor Neuem recht gut bekannt.

Wer von uns kennt nicht auch aus eigener Erfahrung diese Begebenheiten, wo wir zu neuen Denk- und Verhaltensweisen aufgefordert sind und Angst haben, unsere alten Muster und Sichtweisen zu verlassen.

Natürlich ist diese Haltung nur allzu verständlich. Wie für Harry stellt sich auch für uns die Frage: „Was, wenn dieser Zaubertrank, im Sinne neuer Denk- und Verhaltensmuster, nicht anhält, zu schwach ist?"

Wie die Aufgabe mit den Zaubertränken lehrt jedoch auch uns die Erfahrung, dass uns gar nichts anderes übrig bleibt, als immer wieder zu riskieren.

Tun wir dies nicht, so bleiben wir in unseren alten Mustern im wahrsten Sinne des Wortes gefangen.

12 Der Mann mit den zwei Gesichtern

Harry trifft in der letzten Kammer auf Professor Quirrell. In dieser Kammer steht auch der Spiegel Nerhegeb, den Professor Quirrell untersucht.

Quirrell sieht sich im Spiegel, wo er Voldemort den Stein überreicht.

Die Stimme von Voldemort befehlt Quirrell, Harry, der von Quirrell durch einen Zauber gefesselt wurde, vor den Spiegel zu bringen. Als Harry in den Spiegel sieht, zeigt ihm sein Spiegelbild einen blutroten Stein, den er aus seiner Tasche zieht. Das Spiegelbild zwinkert ihm zu und lässt den Stein in die Tasche zurückgleiten.

In diesem Moment spürt Harry in seine eigene Hosentasche etwas hineinfallen. Plötzlich besitzt Harry den Stein.

Später nimmt Quirrell seinen Turban ab und Harry sieht an Quirrells Hinterkopf ein schreckliches Gesicht – Voldemort.

Als Voldemort Quirrell befiehlt, Harry zu packen, spürt Harry einen schrecklichen Schmerz in seiner Narbe. Quirrell lässt Harry jedoch unter Geschrei los, und bekommt plötzlich an den Händen blutige Blasen.

Harry liefert Quirrell einen heftigen Kampf, indem er ihn festhält.

Quirrell bekommt immer mehr Brandblasen, überall dort, wo Harry ihn anfasst.

Schließlich wird er ohnmächtig.

Harry erwacht in der Krankenabteilung von Hogwarts, wo Dumbledore an seiner Seite sitzt. Als Harry diesen nach dem Stein fragt, meint Dumbledore, dass es nicht um den Stein ging, sondern um Harry. Weiters erzählt er, dass der Stein zerstört wurde. Auf die Frage von Harry, was dann aus Nicolas Flamel und seiner Frau werde, meint Dumbledore, dass sie sterben werden. Dumbledore fügt hinzu, dass der Tod für einen gut vorbereiteten Geist nur ein weiteres großes Abenteuer sei.

Dumbledore ermutigt Harry in Bezug auf Voldemort, die Dinge immer beim richtigen Namen zu nennen, denn die Angst vor einem Namen steigert nur die Angst vor der Sache selbst. Abschließend meint Dumbledore: „Nur jemand, der den Stein finden wollte, nicht benutzen, sollte ihn bekommen."

12a Das Finale

Es kommt also zur ultimativen Auseinandersetzung zwischen Harry und Voldemort, der in Quirrells Körper wohnt.

Voldemort beklagt sich auch bei Harry über das, was aus ihm geworden sei.

Er habe nur noch die Möglichkeit, als quasi Mitbewohner sein Dasein zu fristen, da er keinen eigenen Körper besitzt.

In dieser Aussage liegt eine große Wahrheit. Wenn sich dieses Naturhafte, dem Voldemort entspricht, nicht „verkörpern", im Sinne von „teilhaben am Leben", kann, wird es „schattenhaft", also unbewusst. Je länger wir aber solche fundamentalen Seelenenergien wie die des Voldemort verdrängen und unbewusst halten, desto gefährlicher wird es für uns. Es geht uns dann immer mehr wie Quirrell, der nur mehr ein Werkzeug seines eigenen Schattens ist.

Je weniger wir uns unseres eigenen Voldemort bewusst sind, desto mehr Macht hat er. Wir projizieren diese Anteile immer wieder auf andere, um sie dort dann auf das Heftigste zu bekämpfen. Der Kalte Krieg ist dafür nur ein gutes Beispiel. Andererseits verlieren wir wie Quirrell auch immer mehr Autonomie, da wir viel Zeit und Energie damit verwenden, diesen Voldemort in uns abzuwehren. Dies äußert sich dann in vermehrter Schlaflosigkeit (ein Problem, das ja immer mehr Menschen betrifft), Depression, Gefühl von Sinnlosigkeit und vielem mehr. Wie ich ihnen bereits mehrfach beschrieben habe, ist diese „Voldemortenergie" eine fundamentale Lebensenergie, die, wie in unserer Geschichte, nicht „ungestraft" abgespalten werden kann. Die Auseinandersetzung und auch teilweise Integration dieser „Voldemortenergien" ist für die Gewinnung des Steins der Weisen und damit auch des Wassers des Lebens unverzichtbar. Dass dieses Unterfangen keine ungefährliche Angelegenheit ist, erfährt Harry auch am eigenen Leib.

Quirrell sieht sich im Spiegel Nerhegeb, wie er Voldemort den Stein der Weisen überreicht. Dies ist also sein innerstes Herzbegehren. Nun dürfen wir nicht vergessen, dass Quirrell ebenso wie alle anderen Figuren in unserer Geschichte Anteile aus Harrys Unbewusstem sind, wie wohl auch die des unseren. Ich denke, ein wesentlicher Aspekt, warum uns diese Geschichten so faszinieren, ist doch, dass sie in gewisser Weise auch von uns selber handeln, ob uns das nun bewusst ist oder auch nicht.

Ein Grund mehr, diese Geschichte auch als ein Stück Lehrbeispiel für den eigenen Individuationsweg zu sehen.

Laut dieser Geschichte gibt es also zwei Haltungen, sich dem Stein zu nähern.

Die eine Haltung ist die eines Quirrell bzw. Voldemort, der den Stein verwenden und einsetzen möchte.

Mit dieser Haltung wird sehr gut die Einstellung des sogenannten westlichen Kulturkreises und damit auch unsere eigene dargestellt. Die Haltung lautet: „Alles ist machbar". Daraus entspringen dann *Formen* wie Gentechnik, Klonen, aber auch das Verwenden von Embryonen für die Forschung und auch Abtreibung. Wir bestimmen, wann und wie menschliches Leben sein darf und wie nicht. Wir wollen also sein wie Gott. Wie dieses Streben beim Cherubin Lucifer – dem Lichtbringer – ausgegangen ist, ist bekannt. Auch er wollte sein wie Gott und sich ihm nicht unterordnen. Das Resultat war, dass sein Leben im wahrsten Sinne des Wortes zur Hölle wurde.

Die andere Haltung ist die, die Harry darstellt. Wie Dumbledore später erzählt, soll den Stein nur der- oder diejenige bekommen, der oder die ihn finden, nicht aber benutzen will. So verhält es sich denn auch, als Harry in den Spiegel des Herzbegehrens sieht. Er sieht nun nicht mehr seine Elternbilder, von denen er sich mittlerweile ablösen konnte, nein, er sieht den Stein in seine Tasche gleiten. Ich bin immer wieder aufs Neue fasziniert von der tiefen Weisheit dieses Bildes. Abgesehen von der Trefflichkeit des Bildes in Bezug auf die Ich-Selbst-Achse vermittelt es uns auch die Dimension von wahrer Mystik.

Die „Sehnsucht des Finden wollens" ist letztlich die Kraft, die diese Verbindung zum Selbst und damit auch zur Transzendenz des Göttlichen ermöglicht und bewerkstelligt. Die Sehnsucht des innersten Herzbegehrens, um in den Worten unserer Geschichte zu sprechen.

Es verwundert daher nicht, dass auch Jesus auf die Frage, was denn das wichtigste Gebot sei, antwortet (1):

*„Du sollst deinen Gott lieben, von ganzem Herzen (*oder sollten wir sagen – aus ganzem Herzbegehren?), *von ganzer Seele, mit all deinen Kräften und all deinem Verlangen."*

Eben durch dieses Sehnen, mit allen Kräften, kann dieser Anschluss an die Transzendenz, an das Göttliche, den Kosmos – oder wie immer Sie es benennen wollen – geschehen. Es verhält sich wie bei Harry, der als sein innerstes Herzbegehren im Spiegel der Selbsterkenntnis den Stein erkennt und ihn dadurch auch wirklich bekommt.

Was ist nun dieser Stein aus der Sicht der Transzendenz?
Alle großen Mystiker der verschiedensten Religionen beschreiben ihre Erfahrungen mit dem Göttlichen als Erleben von unendlicher Liebe.
Im Sinne unserer Geschichte bedeutet dies, dass ich durch die Erlangung des Steines Anschluss an diese göttliche, kosmische Liebe finden kann.

Dies ist auch die Antwort, die ich in Bezug auf die „Marsproblematik" noch schuldig geblieben bin.

Erst wenn ich Anschluss an diese kosmische Liebe finde, kann ich das zweite Gebot, das Jesus als ebenso wichtig erachtet wie das erste, voll und ganz erfüllen, nämlich :

„Liebe deinen Nächsten wie dich selbst."

Finde ich diesen Anschluss nicht, so bleibt meine Nächstenliebe immer nur ein „Produkt" meiner eigenen Bemühungen oder auch nur Projektion, wie wir sie alle im Verliebtsein erleben.

Ein mit mir befreundeter Theologe erzählte mir vor kurzem, dass die Übersetzung des Wortes

„Und das Wort ist Fleisch geworden und hat unter uns gewohnt"

genau übersetzt eigentlich heißt:

„Und das Wort ist Fleisch geworden und hat in uns Zelt aufgeschlagen."

Sie können selbst aus dieser Übersetzung die völlig neue Bedeutung dieses Wortes erkennen. Es bedeutet dann nämlich, dass dieses Göttliche nicht bloß außerhalb von mir, also unter uns geboren und damit gegenwärtig wurde.

Vielmehr hat sich Gott in uns hineingeboren, er hat in uns Zelt aufgeschlagen.

Er ist also wie im Symbol des Steins, oder auch des göttlichen Fünkleins, wie Meister Eckhart es bezeichnet, in uns. Ihn meint eben auch der Stein, den man ersehnen soll, wie Harry im Spiegel Nerhegeb.

Doch bringt diese Übersetzung des Bibelwortes noch etwas sehr Wesentliches.

Wenn dieses Göttliche Fleisch geworden ist, so ist damit nicht nur die konkrete Person des Jesus von Nazareth gemeint, sondern auch, dass unser Fleisch, unser Körper ebenso göttlich ist.

Dann ist diese Beziehung zum Göttlichen nicht bloß eine geistig-seelische Angelegenheit, sondern ebenso eine körperliche. Der Buddhismus kennt diese Wahrheit schon längst.

Ich meine, diese Sichtweise wird dann auch unserem eigenen Voldemort gerecht, wo doch gerade auch die Natur des Körpers ein nicht unwesentlicher Aspekt von ihm ist.

Schon die Wüstenväter prägten die Erkenntnis, dass wahre Gotterkenntnis nur durch die Selbsterkenntnis geschehen kann. Nun, und zu uns selbst gehört wohl zweifellos auch unser Körper!

Als nächstes stellt sich die Frage, warum Quirrell förmlich an Harrys Berührungen verbrannt ist.

Dumbledore erklärt Harry, dass dies dadurch geschah, dass Harrys Mutter aus Liebe zu ihm ihr Leben geopfert hat, um ihn zu beschützen.

Diese Liebe trägt Harry nun in sich und diese Liebe ist es, die die Macht Voldemorts bricht.

Quasi als Bestätigung steht auch das biblische Wort:

„Es gibt keine größere Liebe als die, wenn jemand sein Leben für seine Freunde hingibt."

Diese Liebe ist es, die wie bei Jesus von Nazareth die Macht des Bösen bricht und uns zu unserem eigenen Stein der Weisen führt.

Der Stein, dessen Wasser das ewige Leben gibt und wodurch wir unsterblich werden.

So meint ja auch Dumbledore, dass der Tod für einen gut vorbereiteten Geist wie Nicolas Flamel und seine Frau nichts Schreckliches an sich hat, er sei bloß ein Übergang in ein neues Abenteuer. Dumbledore erklärt den Tod also in gewisser Weise zur Illusion.

Eine weitere Frage, die sich zwangsläufig stellt, ist, warum der Stein zerstört wurde.

Nun, ich meine, dies ist gar nicht anders möglich, wenn der Individuationsweg weiter gehen soll.

Ein Sprichwort sagt einmal:

„Wenn du Buddha unterwegs triffst, töte ihn!"

Dieses Sprichwort meint, dass ich mich keinesfalls darauf konzentrieren darf, eine ewig gültige Wahrheit zu erlangen, weil dies zwangsläufig zu Erstarrung und Engstirnigkeit führt.

Vielmehr gilt das Motto:

„Der Weg ist das Ziel."

So sagte auch Jesus nie, dass er das Ziel sei, sondern vielmehr:

„Ich bin der Weg."

Was passiert, wenn dieser Stein nicht zerstört wird und dieser Buddha nicht getötet wird, schildert sehr anschaulich folgende Geschichte (2):

Nach vielen Jahren mühevoller Arbeit entdeckte ein Erfinder die Kunst des Feuermachens. Er ging mit seinen Geräten in den schneebedeckten Norden des Landes und erklärte einem Stamm die Kunst – und den Nutzen – des Feuermachens. Die Leute waren von dieser Neuerung so gefesselt, dass sie ganz vergaßen, dem Erfinder zu danken, der eines Tages unbemerkt weiter zog. Da er zu jenen seltenen Menschen mit innerer Größe gehörte, lag ihm nicht daran, in Erinnerung zu bleiben oder verehrt zu werden. Ihm genügte es, dass jemand von seiner Entdeckung Nutzen gehabt hatte. Der nächste Stamm, zu dem er kam, war nicht weniger begierig zu lernen wie der erste. Aber die dortigen Priester, die eifersüchtig auf den Einfluss des Fremden waren, ließen ihn ermorden. Um jeden Verdacht eines Verbrechens zu zerstreuen, stellten sie ein Bild des großen Erfinders auf den Hauptaltar der Kirche, und eine neue geschaffene Li-

turgie sollte seinen Namen preisen und die Erinnerung an ihn wach halten. Streng wurde darauf geachtet, nicht eine einzige Vorschrift der Liturgie zu verändern oder auszulassen. Die Geräte zum Feuermachen wurden in einem Schrein aufbewahrt, und man sagte, sie brächten allen Heilung, die gläubig die Hände darauf legten. Der Hohe Priester selbst übernahm die Aufgabe, die Lebensgeschichte des Erfinders zu verfassen. Sie wurde das heilige Buch, in dem seine liebevolle Güte als nachahmenswertes Beispiel dargestellt, seine ruhmvollen Taten gepriesen und seine übermenschliche Natur zu einem Glaubensartikel erhoben wurden. Die Priester achteten darauf, das Buch kommenden Generationen zu überliefern, während sie die Bedeutung seiner Worte nach ihrem Ermessen auslegten, desgleichen den Sinn seines heiligen Lebens und Sterbens. Und schonungslos bestraften sie jeden mit Tod oder Exkommunikation, der von ihrer Lehre abwich. Und während sie so von diesen religiösen Aufgaben in Beschlag genommen waren, vergaßen die Leute vollständig die Kunst des Feuermachens.

Die Quintessenz fasst noch einmal eine kurze Geschichte der Wüstenväter zusammen (3):

Altvater Lot kam zu Altvater Joseph und sagte: „Vater, so gut ich es vermag, halte ich meine kleine Regel und meine kleine Fastenzeit ein, mein Gebet, meine Meditation, mein kontemplatives Schweigen; und so gut ich es vermag, reinige ich mein Herz von allen bösen Gedanken. Was soll ich sonst noch tun?" Der Ältere erhob sich, um Antwort zu geben. Er streckte seine Hände gen Himmel, und seine Finger wurden wie zehn flammende Blitze. Er sagte: „Dies: werde ganz und gar zu Feuer."

Wenn wir uns der eigenen Fähigkeit und des „Besitzes" der eigenen „Feuerliebe", die der Stein der Weisen auch meint, bewusst werden, können wir aufhören, diese Erfüllung immer bei anderen Menschen und Gurus, bei Heiligtümern, in materiellem Überfluss oder sexuellen Exzessen zu suchen.

Wir werden erkennen, dass der Mensch, der diesen Himmel und diese Liebe nicht in sich selber trägt, ihn vergebens im ganzen Weltall sucht.

Harry hat das begriffen, auch Dank Dumbledore.

Zusammenfassung

Ich muss gestehen, dass ich am Ende meines Buches doch selbst überrascht bin.

Überrascht vor allem deshalb, weil ich es nicht für möglich gehalten hätte, eine derartige Tiefe und Vielfalt im Buch „Harry Potter und der Stein der Weisen" zu finden. Insbesondere aus der Perspektive der analytischen Psychologie werden wichtige Aspekte des menschlichen Seelenlebens, wie Persona, Archetypen, Selbst etc., sowie auch die Bearbeitung des eigenen wie des kollektiven Schattens, dargestellt. Auch das Motiv des Heldenweges, im Sinne des eigenen Individuationsweges, wird recht eindrücklich vor Augen geführt.

Ich meine doch, dass es mir gelungen ist, diese Vielfalt der Parallelen, die sich zwischen dem Buch von J. Rowling und dem Seelenleben der Menschen darstellen, herauszuarbeiten, und hoffe auch, dass der/die Leser/in dies nachvollziehen kann.

An Hand dieser Parallelen wird verständlich, warum die Bücher von Rowling so viele Menschen faszinieren. Sie sind in gewisser Weise Spiegelbilder oder auch „bildgebende Verfahren" unseres eigenen Seelenlebens.

Und eben zu diesen Seelenbildern haben viele Menschen in unserer Zeit den Zugang verloren.

Es mag Sie, verehrte Leserin und verehrter Leser, vielleicht irritieren, dass ich in einer „psychologischen" Arbeit wie der meinen so viel von Religion, Spiritualität und Liebe geschrieben habe.

Ich bin jedoch davon überzeugt, dass der Mensch grundsätzlich religiös veranlagt ist, in welcher Form auch immer. Ich halte es daher für unbedingt erforderlich, sich mit dieser „Grundveranlagung" auseinanderzusetzen.

Die Liebe, und damit meine ich insbesondere die göttliche oder kosmische Liebe, wird meines Erachtens in der Psychologie viel zu wenig thematisiert.

Ständig ist von irgendwelchen Störungen, Verletzungen, Neurosen und Fehlhaltungen die Rede.

Selbst die analytische Psychologie, die doch immer wieder das Selbst und damit auch die Transzendenz und Verbindung zum Göttlichen anführt, befasst sich kaum damit, was die Qualität dieses Göttlichen eigentlich ausmacht.

Gründe dafür sind einerseits wohl die Angst, der Theologie in die Quere zu kommen, und andererseits die Befürchtung, den wissenschaftlichen Boden unter den Füßen zu verlieren.

Diese Ängste und Befürchtungen sind zweifellos berechtigt.

Nichtsdestotrotz meine ich aber, dass wir trotz all dieser Befürchtungen und Gefahren immer wieder den Mut aufbringen sollten, uns diesem letzten und größten Numinosum anzunähern. Ansonsten bleibt nämlich das Wesentlichste, das mit dem Konstrukt des Selbst auch angedeutet wird, unbeachtet.

Anmerkungen

1. Ein Junge überlebt

1   Hark, H. (1988) Lexikon jungscher Grundbegriffe. Zürich, Düsseldorf, Walter, S. 122.

2   Jung, C. G. (1995) Gesammelte Werke, 9/1 §221 Sonderausgabe. Solothurn und Düsseldorf, Walter.

3   Goethe, J. W. v. (1827-1834) Faust, Werke, vollständige Ausgabe letzter Hand, 31 Bde. Stuttgart, Cotta.

4   Watzlawick, P. (1995) Wie wirklich ist die Wirklichkeit. München, Piper.

5   Gibran, K., Aus Zeitschrift Bildungshaus Schloss Puchberg, März 2002.

6   Die Bibel (1980) Einheitsübersetzung, Altes und Neues Testament. Freiburg, Herder, Lk. 18,9-14.

7   Ende, M. Der Unsichtbare, Aus der Mitschrift des Ausbildungsseminars von L. Prothmann am 08.04.2000 in Salzburg.

8   Die Bibel, et. al. (1980) Einheitsübersetzung, Altes und Neues Testament. a.a.O., Mth. 3, 16-17.

9   Die Bibel, et. al. (1980) Einheitsübersetzung, Altes und Neues Testament. a.a.O., Joh. 3, 3-7.

10 Obleser, H. (2002) Odin, psychologischer Streifzug durch die germanische Mythologie. Waiblingen, Stendel, S. 208.

10a Peter Paul Rubens Abbildung entnommen aus G. Dommermuth-Gudrich 50 Klassiker-Mythen S. 143 (2001) Hildesheim, Gerstenberg

11 Hark, H., et. al. (1988) Lexikon jungscher Grundbegriffe. a.a.O., S. 25-26.

12 Die goldene Schale und andere Märchen der Völker der Sowjetunion (1976). Moskau, Progress.

13 Hark, H., et.al. (1988) Lexikon jungscher Grundbegriffe. a.a.O., S. 107-108.

14 Jung, C. G., et. al. (1995) Gesammelte Werke, 9/1. a.a.O. §158.

15 Cooper, J.C. (o.J.) Illustriertes Lexikon der traditionellen Symbole. Wiesbaden, Drei Lilien Edition, S. 90.

16 Fischedick, H., Der Weg des Helden (1992). München, Kösel, S. 32.

17 Franz von Stuck Abbildung entnommen aus Dommermuth-Gudrich G. (2001) 50 Klassiker-Mythen. Hildesheim, Gerstenberg, S. 190.

2. Ein Fenster verschwindet

1   Hark, H. (1988) et. al. Lexikon jungscher Grundbegriffe. a.a.O.,
    S. 95-96.
2   Jung, C. G. (1995) et. al. Gesammelte Werke, 9/1. a.a.O. §289

3. Briefe von niemandem

1   Jung, C. G. (1995) Gesammelte Werke 8, § 145 Sonderausgabe. So-
    lothurn und Düsseldorf, Walter.
2   Jung, C. G. et. al. (1995) Gesammelte Werke, 8. a.a.O. §193.
3   Becker, U., (1998) Lexikon der Symbole. Freiburg, Herder, S. 144.
4   Jung, C. G. (1995) Gesammelte Werke 10, § 355 Sonderausgabe.
    Solothurn und Düsseldorf, Walter.
5   Jung, C. G. (1995) et. al. Gesammelte Werke, 10. a.a.O. §361
6   Mello A.d. (1988) Warum der Schäfer jedes Wetter liebt. Freiburg,
    Herder, S. 181.

4. Der Hüter der Schlüssel

1   Menar, A.v.L.o. (Hg.) (1922) Finnische und estnische Volksmär-
    chen, entnommen aus Jung, C.G., Gesammelte Werke 9/1 Sonder-
    ausgabe. Solothurn und Düsseldorf, Walter.
2   Menar, A.v.L.o. (Hg.) (1914) Russische Volksmärchen, entnommen
    aus Jung, C.G., Gesammelte Werke 9/1 Sonderausgabe. Solothurn
    und Düsseldorf, Walter, S. 234.
3   Jung, C. G. (1995) et. al. Gesammelte Werke, 9/1. a.a.O. §406.
4   Bingen, H.v. (1957) Heilkunde, H. Schipperges (Hg.). Salzburg, o.V.,
    S. 310.
5   Riedel, I. (1983) Farben in Religion, Gesellschaft, Kunst und Psy-
    chotherapie. Stuttgart, Kreuz.
6   Jung, E., Franz, M.L.v. (2001) Die Gralslegende in psychologischer
    Sicht. Düsseldorf, Walter, S. 226.
7   Riedel, I., Dinos, Zauberer, Engel, … (2003) entnommen aus dem
    Heft „Analytische Psychologie" Heft 34.
8   Hillman, J. (1998) Charakter und Bestimmung. München, Goldmann,
    S. 1.

5. In der Winkelgasse

1 Jung, C. G. (1995) Gesammelte Werke 7, § 35 Sonderausgabe. Solothurn und Düsseldorf, Walter.
2 Jung, C. G. (1995) Gesammelte Werke 11, § 140 Sonderausgabe. Solothurn und Düsseldorf, Walter.
3 Jung, C. G. (1995) Gesammelte Werke 16, § 134 Sonderausgabe. Solothurn und Düsseldorf, Walter.
4 Cooper, J.C., Illustriertes Lexikon der traditionellen Symbole. Wiesbaden, Drei Lilien Edition, S. 105.
5 Hark, H. (1988) Lexikon jungscher Grundbegriffe. Zürich, Düsseldorf, Walter, S. 150.
6 Die Bibel (1980) Einheitsübersetzung, Altes und Neues Testament, AT, Hiob 1, 6. Freiburg, Herder.
7 Die Bibel, et. al. (1980) Einheitsübersetzung, Altes und Neues Testament. a.a.O., Lk. 10,18.
8 Arnold Böcklin Abbildung entnommen aus Dommermuth-Gudrich, G. (2001) 50 Klassiker-Mythen, Hildesheim, Gerstenberg, S. 209.
9 Polansky, R., (1998), Tanz der Vampire. Hamburg, Polydor GmbH.
10 Eugène Delacroix Faust-Illustration entnommen aus Jung, C. G. (1995) Gesammelte Werke 12, Abb. 36 Sonderausgabe. Solothurn und Düsseldorf, Walter.

6. Abreise von Gleis Neundreiviertel

1 Jung, C. G. (1995) Gesammelte Werke 2, § 247 Sonderausgabe. Solothurn und Düsseldorf, Walter.
2 Jung, C. G. (1995) Gesammelte Werke 7, § 398 Sonderausgabe. Solothurn und Düsseldorf, Walter.
3 Jung, C. G. (1995) et. al. Gesammelte Werke, 2. a.a.O., §231 f.
4 Die Bibel (1980) Einheitsübersetzung, Altes und Neues Testament, Joh. 4, 10-15. Freiburg, Herder.
5 Becker, U., (1998) Lexikon der Symbole. Freiburg, Herder, S. 287.
6 Jung, C. G. (1995) et. al. Gesammelte Werke, 2. a.a.O. §757
7 Hark, H. (1988) Lexikon Jungscher Grundbegriffe. Zürich, Düsseldorf, Walter, S. 182.
8 Kirschke, W. (1993) Enneagramms Tierleben. München, Claudius, S. 86.

7. Der sprechende Hut

1   Mello, A.d. (1988), Warum der Schäfer jedes Wetter liebt. Freiburg, Herder, S. 52.

10. Der verbotene Wald

1   Cooper, J.C., Illustriertes Lexikon der traditionellen Symbole. Wiesbaden, Drei Lilien Edition, S. 228.
2   Arnold Böcklin Kampf der Zentauren. Basel, Kunsthalle.
3   Margarete Leibig, Vortrag bei der Arbeitstagung der IAAP in Lindau 2004.
4   II Guercino Venus, Mars, Cupido. Modena Galleria, Estense.

11. Durch die Falltür

1   Jung, E., Franz, M.L.v. (2001) Die Gralslegende in psychologischer Sicht. Düsseldorf, Walter, S. 318.

12. Der Mann mit den zwei Gesichtern

1   Die Bibel (1980) Einheitsübersetzung, Altes und Neues Testament, Mk. 12, 30-31. Freiburg, Herder.
2   Mello A.d. (1988) Warum der Schäfer jedes Wetter liebt. Freiburg, Herder, S. 19.
3   Mello A.d. et. al. (1988) Warum der Schäfer jedes Wetter liebt. a.a.O., S. 20.

Literatur

Die Bibel (1980) Einheitsübersetzung. Altes und Neues Testament. Freiburg, Herder.

H. v. Bingen Heilkunde (1957) H. Schipperges (Hg.). Salzburg, o.V.

J. Chevalier/A. Gheerbrant, Dictionnaire, entnommen aus Jung, E., Franz, M.L.v. (2001) Die Gralslegende in psychologischer Sicht. Düsseldorf, Walter.

J.C. Cooper Lexikon der traditionellen Symbole (o.J.). Wiesbaden, Drei Lilien Edition.

G. Dommermuth-Gudrich 50 Klassiker-Mythen (2001). Hildesheim, Gerstenberg.

M. Ende Der Unsichtbare, aus der Mitschrift des Ausbildungsseminars von L. Prothmann am 8. 4. 2000 in Salzburg.

Finnische u. estnische Volksmärchen Wie ein Waisenknabe unverhofft sein Glück fand, entnommen aus Jung, C.G., Gesammelte Werke 9/1 Sonderausgabe. Solothurn und Düsseldorf, Walter.

H. Fischedick Der Weg des Helden (1992). München, Kösel.

K. Gibran Der Narr, aus Zeitschrift Bildungshaus Schloss Puchberg, März 2002.

J. W. Goethe Faust 1 Werke (o.J.), vollständige Ausgabe letzter Hand, 31 Bde. Stuttgart, Cotta.

Die goldene Schale und andere Märchen der Völker der Sowjetunion (1976). Moskau, Progress.

H. Hark Lexikon Jungscher Grundbegriffe (1988). Zürich, Düsseldorf, Walter.

J. Hillman Charakter und Bestimmung (1998). München, Goldmann.

C.G. Jung GW 2 (1995) Sonderausgabe. Solothurn und Düsseldorf, Walter.

C.G. Jung GW 7 (1995) Sonderausgabe. Solothurn und Düsseldorf, Walter.

C.G. Jung GW 8 (1995) Sonderausgabe. Solothurn und Düsseldorf, Walter.

C.G. Jung GW 9/1 (1995) Sonderausgabe. Solothurn und Düsseldorf, Walter.

C.G. Jung GW 10 (1995) Sonderausgabe. Solothurn und Düsseldorf, Walter.

C.G. Jung GW 11 (1995) Sonderausgabe. Solothurn und Düsseldorf, Walter.

C.G. Jung GW 12 (1995) Sonderausgabe. Solothurn und Düsseldorf, Walter.

C.G. Jung GW 16 (1995) Sonderausgabe. Solothurn und Düsseldorf, Walter.

W. Kirschke Enneagramms Tierleben (1993). München, Claudius.

M. Leibig Vortrag auf der Arbeitstagung der IAAP in Lindau.

A. d. Mello Warum der Schäfer jedes Wetter liebt (1988). Freiburg, Herder.

H. Obleser ODIN (2002). Waiblingen, Stendel.

I. Riedel Dinos, Zauberer, Engel ... Analyt. Psychologie 2003 Heft 34

I. Riedel Farben (1983). Stuttgart, Kreuz.

Russische Märchen „Och" entnommen aus Jung, C.G., Gesammelte Werke 9/1 (1995) Sonderausgabe. Solothurn und Düsseldorf, Walter.

P. Watzlawick Wie wirklich ist die Wirklichkeit (1995). München, Piper.

H. Zimmer Abenteuer und Fahrten der Seele, entnommen aus Jung, E., Franz, M.L.v. (2001) Die Gralslegende in psychologischer Sicht. Düsseldorf, Walter.